MARCO POLO

SCHWEIZ

Reisen mit

Insider-Tipps

Diese Tipps sind die ganz speziellen Empfehlungen unserer Autoren. Sie sind im Text gelb unterlegt.

Fünf Symbole sollen Ihnen die Orientierung in diesem Führer erleichtern:

★ *für Marco Polo Tipps – die besten in jeder Kategorie*

für alle Objekte, bei denen Sie auch eine schöne Aussicht haben

für Plätze, wo Sie bestimmt viele Einheimische treffen

für Treffpunkte für junge Leute

(116/A 1)
Seitenzahlen und Koordinaten für den Reiseatlas Schweiz
(U/A 1) *Koordinaten für den Stadtplan Zürich im hinteren Umschlag*
(O) *außerhalb des Stadtplans*
Zu Ihrer Orientierung sind auch die Objekte mit Koordinaten versehen, die nicht im Reiseatlas eingetragen sind.

Diesen Führer schrieben der Reisejournalist Rainer Stiller und der Zürcher Publizist Christof Hegi, der die Schweiz als Kulturreisender, Sportler und Schweizer kennt.

Die Marco Polo Reihe wird herausgegeben von Ferdinand Ranft.

Die aktuellsten Insider-Tipps finden Sie im Internet unter www.marcopolo.de

MAIRS GEOGRAPHISCHER VERLAG

MARCO POLO

Für Ihre nächste Reise gibt es folgende Titel dieser Reihe:

Unsere Autoren haben nach bestem Wissen recherchiert. Trotzdem schleichen sich manchmal Fehler ein, für die der Verlag keine Haftung übernehmen kann.

Titelbild: Transglobe/Ehlers

Fotos: O. Baumli (59); W. Dieterich (31); HB-Verlag (6, 23, 32, 40, 42, 52, 87); Mauritius: Bartel (79), Geisser (94), Hööck (49), Hubatka (115), Mehlig (9, 60), Schwarz (57), Vidler (15); Rhätische Bahn (14); P. Santor (11); Schapowalow: Breig (70), Heaton (84), Heim (85), Kirsch (21, 72), Messerschmidt (36); W. u. S. Storto (4, 10, 22, 24, 27, 28, 54, 63, 69) Transglobe: Bässler (74), Siebig (58), Waldkirch (35, 46)

Chefredakteurin: Marion Zorn
Lektorat: Jochen Schürmann
Gestaltung: Thienhaus/Wippermann (Büro Hamburg)
Kartografie Reiseatlas: © Mairs Geographischer Verlag
Sprachführer: in Zusammenarbeit mit dem Ernst Klett Verlag für Wissen und Bildung GmbH, Redaktion PONS Wörterbücher

Printed in Germany
Gedruckt auf 100% chlorfreiem Papier

INHALT

Entdecken Sie die Schweiz!

Tun Sie das! Obwohl es die Schweiz, Schweizerinnen und Schweizer eigentlich gar nicht gibt

Wir sagen erst einmal artig »Hallo!« und kommen gleich mächtig in Schwierigkeiten. Es ist nämlich eine nicht aus der Welt zu schaffende Mär, dass alle Schweizer – ob es überhaupt den Schweizer gibt, wollen wir etwas später klären –, dass also alle Schweizer zur Begrüßung ein herzliches »Grüezi mitenand« in den Raum werfen. Ein für allemal: Sie tun es nicht! Sie sagen tschou und tschüss, ciao und tschau, sali, salü zämä – und wir sind mittendrin im Schlamassel! Denn im deutschsprachigen Teil der Schweiz wird nicht einfach Schweizerdeutsch gesprochen, sondern verschiedene Dialekte. Reisenden wird das Einpauken der Höflichkeitsformeln also nicht gerade leicht gemacht, aber wer die Ohren offen hält, kann sicher das eine oder andere Wort aufschnappen.

Rund 50 000 Bürger/innen des Landes – vornehmlich solche aus Graubünden – sprechen Rätoromanisch, das 1938 zur vierten Landessprache erklärt wurde. Genau genommen gibt es dieses Idiom, das zu den romanischen Sprachen gehört, noch immer nicht. Denn selbst diese 0,8 Prozent der Schweizer Bevölkerung haben sich bisher nur schwerlich auf eine gemeinsame Schriftsprache geeinigt: Am Hinterrhein schreibt man immer noch das Surselvische, an Mittelrhein, Albula und Julier das Mittelbündnerische und im Engadin und Münstertal das Ladinische. Der Turm von Babel war dagegen wahrscheinlich eine verständliche Schwatzecke.

Immerhin 12 Prozent der Schweizer sprechen Italienisch. Nun ja, in den Tälern des Tessins wird Mundart gesprochen – unterschiedliche, versteht sich.

Die Romands im Westen des Landes – immerhin 18 Prozent – sprechen Schriftfranzösisch, bis auf die Alten in den einsamen Gegenden des Jura. Sie pflegen noch das angestaubte Patois.

Aber jetzt! 65 Prozent der Schweizer sprechen Deutsch. Zu früh gefreut! Vor allem sprechen

Typisch wie hier Zermatt: Orte in engen Tälern vor prächtiger Kulisse

sie Schweizerdeutsch, das nur Zyniker für eine Rachenkrankheit halten und das für jeden Deutsch verstehenden Menschen außerhalb der Schweiz ziemlich unverständlich bleibt – jedenfalls wenn es so schnell gesprochen wird, wie die Deutschschweizer es tun. Oder hätten Sie – ganz langsam – gewusst, dass auf Schweizerdeutsch die Butter »Anke«, nackt »blut«, die Katze »Büsi«, der üble Kerl »Cheib«, der Kopf »Grind«, die Kartoffeln »Herdöpfel«, die Kirche »Chile« und die Sahne über dem Ganzen »Nidel«, »Nidle« oder »Nytle« heißt? Doch trotzdem kann man selbstverständlich – wenn man nicht gerade »e Chischte het«, also betrunken ist – die Deutschschweizer im Zusammenhang ganz gut verstehen, zumal sie sich die Mühe geben, ins Hochdeutsche zu verfallen, wenn sie merken, dass einer dabei ist, der nicht zu ihnen gehört. Das tun sie wirklich, glauben Sie es gegen alle Vorurteile, die Sie immer wieder gehört haben.

Glauben Sie es in jedem Fall, auch wenn Ihnen Kundiges aus ureigenstem Schweizer Mund zu Ohren gekommen ist. Max Frisch, der 1991 verstorbene scharfzüngige Schweizer Schriftsteller von Weltgeltung, formulierte unverhohlen: »Man kann mit diesen Schweizern nicht über Freiheit sprechen, ganz einfach, weil sie es nicht ertragen, dass man sie in Frage stellt, die Freiheit, und dass man sie nicht als ein schweizerisches Monopol betrachtet, sondern als ein Problem. Überhaupt fürchten sie sich vor jeder offenen Frage; sie denken immer gerade so weit, wie sie die Antwort schon in der Tasche haben, eine praktische Antwort, eine Antwort, die ihnen nützlich ist. Und insofern denken sie überhaupt nicht; sie rechtfertigen nur. Sie wagen es unter keinen Umständen, sich selbst in Zweifel zu ziehen.« Nestbeschmutzer, intellektueller!

Der Barfüsserplatz in Basel, dem alten mitteleuropäischen Handelsplatz

Gott sei Dank gibt es auch Schriftsteller, die sich in die Bresche werfen gegen üble Nachrede, dagegen, dass die Schweizer Fremden ablehnend gegenüberstehen, dass sie so prüde sind, als müssten sie dem Papst in Rom etwas beibringen. Der in Zürich lebende Schriftsteller Urs Widmer brach eine Lanze für die Landsleute und schrieb: »Wir gingen noch ein paar Schritte und kamen zu einer Auberge, die uns einladend entgegensah. Wir grüßten höflich und fragten ein etwa 16-jähriges Mädchen, das hinter dem Tresen stand und Gläser spülte, ob sie ein Zimmer für uns hätte. Sie hob den Kopf und sagte: ›C'est pour une heure, ou c'est pour toute la nuit?‹ [»Für eine Stunde oder für die ganze Nacht?«] Ich dachte, ich hätte nicht recht gehört, und drehte mich zu meiner Frau um. Sah in ihrem Gesicht, dass ich recht gehört hatte. Das letzte Mal war uns das so um 1960 in Marseille passiert! Im Hafenviertel, wo niemand länger als eine Stunde im Bett bleibt! Wir nickten beide und sagten im Chor: ›Für beides, Mademoiselle!‹ Und so war es dann auch.« Das sollen prüde Schweizer sein? Nein, nein! Wir sind inzwischen fest davon überzeugt, dass die Schweizer all das nicht sind, was man immer über sie sagt. Sie sind weder engstirnig, prüde noch ängstlich oder fremdenhassend – oder sie sind es fast nicht mehr. Sie haben sich wahrscheinlich einen Satz ihres avantgardistischen und gleichzeitig als Nationalheiligen geliebten Künstlers, des 1991 verstorbenen Jean Tinguely, hinter die Ohren geschrieben: »Atmet tief, lebt im Jetzt, lebt auf und in der Zeit.«

Das wollen sie wohl tun, die Schweizer, aber bitte sehr in Grenzen. Denn bei aller Gemeinsamkeit gibt es sie ja noch, die Grenzen der Kantone, die ein Reisender nicht spürt, wenn er mit dem Auto durch das Land fährt, die man in der Schweiz aber gern zieht. Der Schweizer Bundesstaat besteht aus 23 beziehungsweise 26 Kantonen – je nachdem, ob man die dreimal zwei Halbkantone als eigenständig ansieht oder nicht. Die Schweizer Kantone heißen in alphabetischer Reihenfolge: Aargau, Appenzell-Außerrhoden, Appenzell-Innerrhoden, Basel-Land, Basel-Stadt, Bern, Freiburg (Fribourg), Genf (Genève), Glarus, Graubünden, Jura, Luzern, Neuenburg (Neuchâtel), Nidwalden, Obwalden, Schaffhausen, Schwyz, Solothurn, St. Gallen, Tessin (Ticino), Thurgau, Uri, Waadt (Vaud), Wallis (Valais), Zürich und Zug. Die Kantone senden Vertreter in den so genannten Ständerat, der – vergleichbar dem Senat in den Vereinigten Staaten von Amerika – das Oberhaus des eidgenössischen Parlaments bildet. Die Volkskammer dieses Parlaments heißt Nationalrat. In ihn werden alle vier Jahre 200 Abgeordnete gemäß dem Einwohnerverhältnis der einzelnen Kantone gewählt. Eine politische Besonderheit, die in der Schweiz häufig genutzt wird, ist das Referendum. Der Volksentscheid beruht auf dem Gedanken, dass sämtliche Gesetze der Volksabstimmung zu unterbreiten sind (»obligatorisches Referendum«) oder dass eine bestimmte Anzahl von Bürgerinnen und Bürgern einen solchen Volksentscheid über parlamentarisch beschlossene Gesetze verlangen kann (»fakultatives Referendum«).

Die beiden legislativen Kammern (Nationalrat und Ständerat) bilden gemeinsam die Bundesversammlung. Die Kammern tagen viermal jährlich getrennt. Gemeinsam kommen sie dagegen zur Wahl des Bundesrates, des Bundespräsidenten, des Bundesgerichts, zur Ausübung des Begnadigungsrechts und zur Entscheidung von Zuständigkeitsauseinandersetzungen zusammen. Der Bundesrat, in den die Bundesversammlung sieben Mitglieder auf vier Jahre bestimmt, ist das, was man in anderen Ländern die Regierung nennt. Der jährlich im Dezember alternierend aus dem Kreis der sieben Bundesräte gewählte Bundespräsident übernimmt für ein Jahr die Funktion eines Regierungschefs.

Ein paar Zahlen zur Eidgenossenschaft, die italienisch *Svizzera,* lateinisch *Helvetia* und französisch *La Suisse* heißt:

Auf einer Fläche von gut 41 000 km² leben 6,7 Mio. Menschen. Die größten und einzigen Städte mit einer Einwohnerzahl von über 100 000 sind Zürich (360 000), Basel (170 000), Genf (165 000), Bern (145 000) und schließlich Lausanne (128 000). Knapp 3,2 Mio. Schweizer sind erwerbstätig, davon mehr als die Hälfte im Dienstleistungsbereich, wo der Fremdenverkehr den mit Abstand höchsten Anteil hält. Nur noch rund 7 Prozent der Schweizer verdienen ihr Geld mit der Landwirtschaft; hingegen arbeiten fast 40 Prozent in der Industrie. Das ist besonders erstaunlich, weil die 10 größten Schweizer Industrieunternehmen zwischen 80 und 96 Prozent ihrer Bediensteten im Ausland haben. Der Konzern Nestlé als umsatzstärkster mit über 50 Mrd. Franken beschäftigt gerade mal 4 Prozent seiner knapp 200 000 Mitarbeiterinnen und Mitarbeiter im Inland.

Das Pro-Kopf-Einkommen der Schweizer liegt dafür fast um ein

Mit Hellebarde und Säbel

Seit 1505 bewachen den Papst in Rom ausschließlich gebürtige Schweizer. Die Schweizergarde oder die – wie sie offiziell heißt – Guardia Svizzera Pontificia, die früher bis zu drei Hundertschaften stark war, besteht heute aus 4 Offizieren, 16 Unteroffizieren und 80 Hellebardieren. Wer sich für mindestens zwei Jahre verpflichten will, muss zwischen 18 und 25 Jahre alt sein und neben dem Geburtsort nachweisen, dass er katholisch und ledig ist. Außerdem müssen die Gardisten – niemand kann mehr sagen, warum – exakt einen Meter und 74 Zentimeter groß sein. Die Schweizergardisten tragen eine rot-gelb-blaue Galauniform. Noch mit Hellebarden und Säbeln bewachen sie die Eingänge des Vatikans, die Audienzsäle und die Privatgemächer des Papstes. Nach 10, 15 oder 20 Dienstjahren haben die Gardisten Anrecht auf eine lebenslange Pension aus der Kasse der römisch-katholischen Kirche.

Drittel über dem der drei großen Weltwirtschafts-Nationen Deutschland, Japan und USA. Insgesamt erwirtschaftet die Schweiz einen Umsatz von gut 200 Mrd. Franken. Geld ist also da – nicht nur in Zürich, dem neben New York und London größten Devisenmarkt der Welt. Gold –, und das hat nichts mit dem in Solothurn geborenen General Sutter zu tun, der als Auswanderer 1848 in Kalifornien für den Goldrausch sorgte: Gold ist auch da! Zwar waschen die Schweizer das Gold nicht mehr wie einst die Helvetier aus den Gewässern des Napfgebiets, wo zwischen 1500 und 1800 magere 32 kg Gold gefunden wurden, aber dafür fungiert der Finanzplatz in der Mitte Europas – wie die »Neue Zürcher Zeitung« (NZZ) vermutet – »ganz offensichtlich ... als bedeutende, wenn nicht als die bedeutendste Drehscheibe für den Handel mit physischem Gold«.

Zum Thema »die Schweiz und das Gold« soll auch ein unrühmliches Kapitel erwähnt werden: Während des Zweiten Weltkriegs war die Schweiz wichtigster Umschlagplatz für Gold aus dem Machtbereich des Dritten Reichs. Heute ist bekannt, dass die Verantwortlichen der SNB (Schweizerische Nationalbank) schon seit 1941 wussten, dass Deutschland über Raubgold verfügte. Über Gold also, das sich das NS-Regime aus Währungsreserven der besetzten Länder angeeignet, bei Privatpersonen durch Konfiskation und Plünderungen beschafft sowie ermordeten oder überlebenden Opfern der NS-Vernichtungspolitik abgenommen hatte. Dass die

Schweizer Wohnkultur: Schöne Erker gehören dazu

Handlungsweise der SNB – wie sie behauptete – von der Idee geleitet war, das Risiko eines deutschen Überfalls auf die Schweiz zu verringern, lässt sich nicht beweisen. Insgesamt wurden Goldsendungen der Reichsbank an die SNB im Wert von 1,6 bis 1,7 Milliarden Franken vorgenommen.

Die Schweiz allerdings nur als Edelmetall-Drehscheibe zu sehen wäre zu einfach. Denn auch auf seine industriellen Innovationen ist das Land stolz. Und kann es sein! Zu Recht hieß es im Prospekt zur Technorama-Ausstellung »Die findigen Schweizer« anlässlich der 700-Jahr-Feier der Eidgenossenschaft im Jahr 1991: »Wer also Schweizer bis dahin lediglich als Erfinder von Melkschemeln, Dreieckschokolade und Schachtelkäse gesehen hat, wird eines Besseren belehrt: Nämlich, dass Schweizer überaus patente und praktische Erfinder sind.« Von Selbstgefälligkeit ist das weit entfernt, wenn man nur zwei Belege für den Erfindungsgeist herausgreift: Der Schweizer Ehrenbürger Georges de Mestral erfand das Millionending Klettverschluss, das amerikanische Astronauten als Erste ausprobierten und das heute fast jeder Sportler an Kleidung und Schuhen überaus schätzt. Und das Schweizer Spitzenunternehmen Asea Brown Boveri, zweitstärkster Industriebetrieb des Landes, konnte in seiner Forschungsabteilung den Flüssigkristallbildschirm entwickeln, der Computer netzunabhängig macht.

Bei all dieser Modernität im wirtschaftlichen Denken tut sich die Schweiz gerade wegen ihrer finanzpolitischen Unabhängigkeit schwer, eine unverkrampfte Haltung gegenüber dem europäischen Einigungsprozess einzunehmen. Nachdem die Schweizer einen Beitritt zum EWR in einer Abstimmung knapp abgelehnt haben, ist zwischen der frankophonen Westschweiz (mehrheitlich für den EU-Beitritt) und der bevölkerungsreicheren Deutschschweiz der viel beschworene »Röschtigraben« wieder etwas tiefer geworden. Nach dem EWR-Nein mussten die wichtigsten Punkte der Zusammenarbeit zwischen der Schweiz und der EU in langjährigen Verhandlungen geklärt werden: Die so entstandenen bilateralen Verträge wurden im Frühjahr 2000 vom EU-Parlament ratifiziert und vom Schweizer Volk in einer Abstimmung angenommen.

Dass am Beitritt der Schweiz zur Europäischen Union langfristig kein Weg vorbeigeht, wissen die meisten Eidgenossen. Allen voran die Verantwortlichen des Schweizer Fremdenverkehrsgewerbes. Heinz Probst, Direktor des Schweizer Hotellerie-Verbandes, formulierte bereits vor einiger Zeit: »An der Europäischen Gemeinschaft und der wahrscheinlichen Realität des neuen Europas wird auch die Schweiz nicht ohne weiteres vorbeikommen können. Sich gegenüber allen Staaten, die der EG beigetreten sind, auf die Dauer komplett abzuschotten, wäre für unser Land, namentlich für Tourismus und Hotellerie, eine kaum verkraftbare politische und wirtschaftliche Hypothek.«

Womit wir beim Fremdenverkehr wären. Die Zahlen: Bei knapp 267 000 Hotelbetten in 6100 Hotels zählt die Schweiz gut 70 Mio. Übernachtungen pro Jahr. Über die Hälfte der Buchungen kommt aus dem Ausland. An der Spitze der ausländischen Hotelgäste rangieren die Deutschen, gefolgt von den Amerikanern und den Engländern. In der so genannten Parahotellerie (Ferienwohnungen, Campingplätze, Gruppenunter-

Wedeln in Arosa

Die Schweiz ist nicht nur verschneit schön. Im Sommer locken die Seen

künfte, Jugendherbergen) stehen nochmals ca. 800 000 Plätze zur Verfügung. Zwei Fünftel davon beanspruchen ausländische Gäste. Rund die Hälfte davon sind deutscher Herkunft.

Zahlen können nicht verdeutlichen, wie schön das Land ist. Und die Schweiz kann geradezu schmerzend schön sein. Ein Sonnenuntergang am Vierwaldstätter See, der natürlich sehr viel später einsetzt als dort, wo hohe Berge frühzeitig nach dem glühenden Feuerball greifen; der Blick auf das Matterhorn, bei dem einem immer wieder in den Sinn kommt, dass Menschen stets und ständig bereit sind, sich gewaltigen Herausforderungen zu stellen; der illustre Weg von der mondänen Glitzerwelt von St. Moritz über den Malojapass in die, wie es scheint, ärmste Ecke der Welt bei Stampa kurz vor der italienischen Grenze; die Rebberge bei Lausanne, der Jura mit seinen Freiberger Pferden, das Emmental mit seinen mächtigen Bauernhöfen, Genf mit seinem so zauberhaften Umland, Zürich mit seiner kulturellen Vielfalt, Biel oder Bienne, wie die Westschweizer lieber sagen, mit den Enten und Schwänen an der Uferpromenade, St. Gallen und seine Bratwurst, Davos und sein »Zauberberg«; das Tessin, das schon so italienisch ist und doch mit Italien nicht viel am Hut hat – Augenblicke, im buchstäblichen Sinn, Momentaufnahmen. Die Schweiz ist wie ein andauernder Blick in ein Kaleidoskop. Bunt klicken die Rauten und Kreise zu immer neuen Bildern zusammen. Ständig entsteht ein neues Gesamtbild, das sich beim nächsten Drehen, bei der nächsten Wendung wieder verändert. Die Schweiz ist nicht zu fassen! Im übertragenen Sinn nicht, denn immer wenn auch der häufige Besucher glaubt, jetzt kenne er das Land, tut sich eine neue, manchmal nur winzige, geheimnisvolle Welt auf. Und auch im tatsächlichen Sinn kann man die Schweiz nur schwer fassen, sie nur lückenhaft beschreiben. Will man das tun, muss man sich für eine Aufteilung entscheiden. In diesem Buch unterscheiden wir fünf Regionen.

Geschichtstabelle

450 v. Chr.
Die Helvetier, ein keltischer Stamm, wandern ins Gebiet der heutigen Schweiz ein

450 n. Chr.
Die Alemannen besiedeln den größten Teil des Landes. Ein Stück im Südwesten kommt unter die Herrschaft der Burgunder. In Graubünden halten sich die Räter. Die Grundlage für den ungewöhnlichen Viersprachenstaat ist gelegt

1033/34
Unter König Konrad II. kommt Burgund und damit die gesamte heutige Schweiz zum Heiligen Römischen Reich Deutscher Nation

1231
Der Stauferkaiser Friedrich II. bestimmt die Reichsunmittelbarkeit des Tales Uri; das Tal Schwyz folgt 1240

1291
Die drei so genannten Waldstätte, wie die Schweizer Urkantone Uri, Schwyz und Unterwalden einst bezeichnet wurden, schließen sich nach der Unterzeichnung eines Bundesbriefes zum »Ewigen Bund« zusammen. Der in diesem Zusammenhang erwähnte Armbrustschütze Wilhelm Tell und der Schwur auf dem Rütli sind historisch nicht belegt

1315
Die Urkantone besiegen ein Ritterheer der Habsburger bei Morgarten und bekräftigen ihren Bund. In diesen »Ewigen Bund« traten in der Folgezeit auch Luzern (1332), Zürich (1351), Glarus und Zug (1352) und Bern (1353) ein. Das Ergebnis ist die Eidgenossenschaft der »acht alten Orte«, die sich Schwyz nennt

1481
Fribourg und Solothurn treten der Eidgenossenschaft bei. Basel und Schaffhausen folgen 1501, schließlich Appenzell (1513). Jetzt nennt sich die Eidgenossenschaft »Bund der dreizehn alten Orte«

Ab 1517
Als Folge der christlichen Reformation kommt es auf dem Staatsgebiet der Schweiz immer wieder zu glaubenskriegerischen Auseinandersetzungen. Am Ende steht bis heute eine dauerhafte Spaltung der Schweizer, was die Konfession angeht. Huldrych Zwingli betreibt seine Reformation in Zürich (1525) und fällt im zweiten so genannten Kappelerkrieg gegen die siegreichen Katholiken (1531), die damit die Ausbreitung der Reformation in der deutschsprachigen Schweiz zum Stillstand bringen. Erfolgreich dagegen ist die Reformation von Jean Calvin in Genf und der Westschweiz (1541)

1648
Im Westfälischen Frieden am Ende des Dreißigjährigen Krieges besiegeln alle Vertragspartner die Unabhängigkeit

1798
Die französischen Revolutionäre erobern auch die Schweiz und gründen nach französischem Vorbild eine Helvetische Republik als Einheitsstaat

1803
Die Mediationsakte gibt der Schweiz ihre Selbstständigkeit zurück; aus dem Einheitsstaat wird wieder ein Staatenbund

1815
Im Zweiten Pariser Frieden verpflichtet sich die Schweiz zu immerwährender Neutralität

1848
Aus dem Staatenbund wird ein Bundesstaat mit einheitlicher Verfassung

1920
Beitritt zum Völkerbund und Bekräftigung der Neutralität

1971
Einführung des Frauenwahlrechts, außer im Kanton Appenzell Innerrhoden

1993
Per Abstimmung wird der Beitritt der Schweiz zum Europäischen Wirtschaftsraum abgelehnt

Die Schweiz ist mehr als »einfach ein großer, buckliger, massiver Felsen mit einer dünnen Grashaut«, wie der große Zyniker Mark Twain schrieb. Die Bergwelt der Alpen ist geradezu bezaubernd. Und die Entstehung dieser Welt ist mit jener legendären Schweizer Gründlichkeit untersucht worden, die die Schlagwerke in den Uhren ticken lässt und die dafür sorgt, dass Züge im Land kaum je Verspätung haben. Seit 1986 lief das Nationale Forschungsprogramm 20 unter dem Titel »Geologische Tiefenstruktur der Schweiz«. Einer der Programmleiter, Dr. Peter Heitzmann vom Institut für Landeshydrologie und -geologie in Bern, fasst das Ergebnis zusammen: »Aus dem heutigen strukturellen Aufbau der Alpen lassen sich die einzelnen Phasen der alpinen Gebirgsbildung rekonstruieren. Danach entfernten sich während des Mesozoikums Afrika und Europa voneinander. Zwischen den auseinander driftenden Kontinenten bildete sich ein Ozean; die Kruste wurde ausgedünnt und zum Teil durch neue ozeanische Kruste ergänzt. Später rückten die beiden Kontinente wieder aufeinander zu und begannen vor etwa 100 Mio. Jahren zusammenzustoßen.« Dieser Vorgang soll bis vor 20 Mio. Jahren gedauert haben. So alt ist, wenn man es genau wissen will, also die Schweiz.

Die langjährigen Beziehungen zu Mutter Helvetia prägen auch jene, die schon längst im Ausland leben: Der Regisseur Luc Bondy, in Wien lebend, aber 1948 in Zürich geboren, bekennt: »Ich komme heute immer wieder in die Schweiz zurück: Das Engadin ist mein liebster Ferienort überhaupt; die Luft dort inspiriert mich. Und ich mag an Zürich, dass diese Stadt keine wirkliche Stadt ist, dass der Übergang zum Land unklar ist. Wenn der Zürichsee vor einem Gewitter dunkel wird und die Schwäne fahler, dann wird Zürich sogar mysteriös, traumhaft. Das sehe ich von überall aus.« Und wer möchte das nicht immer mal wieder sehen?

Von Alpabtrieb bis Zeitungen

Warum die Jagd auf den Steinbock wieder erlaubt ist. Und noch ein paar Informationen, mit denen man die Schweiz besser verstehen kann

Alpaufzug und -abtrieb

In der Schweiz findet sich noch diverses unverfälschtes Brauchtum, wovon als besonders schöne Müsterchen die Alpaufzüge und -abtriebe im Juni und September zeugen. Diese sind vor allem im Appenzellerland und im Berner Oberland, aber auch in den Fribourger Alpen anzutreffen. Der für die Qualität der Milchprodukte, aber auch des Fleischs wichtige Aufenthalt auf der Alp wird an seinem Anfang und Ende entsprechend gefeiert. Dies umso mehr, als der sommerliche Aufenthalt auch für viele Bauern und ihre Familien immer noch etwas Besonderes darstellt. Der jeweiligen lokalen Tradition gemäß formiert sich der Aufzug: Allen voran geht mit seinen Ziegen der »Ziegenbub«, der die charakteristische Melchkappe, eine »Deckeli« genannte, schwarze Ledermütze trägt. Ihm folgt der »Meistersenn«, der oberste Hirte in weißem, oft noch besticktem Hemd, roter Tuchweste, knallgelben Knielederhosen mit messingbeschlagenen Hosenträgern und auf dem Kopf einem schwarzen Sennerhut mit farbigen Bändern. Hinter ihm folgen die drei schönsten Kühe mit den riesengroßen Schellen. Die Bauern als Eigner des Braunviehs treiben dieses hintennach, zuletzt folgen Knechte mit Jungvieh und Schweinen. Ein wunderbares Spektakel, das es lohnt, die gesperrte Straße in Kauf zu nehmen!

Ein Spektakel ist der Alpaufzug

Mit dem Bernina-Express über Hunderte von Viadukten durch die schönsten Ecken der Schweiz

Armee

Die Schweizer sind traditionell neutral. Und sie wollen nie in die Abhängigkeit einer fremden Macht gelangen. Die Garantin dafür ist für viele die Milizarmee. Die allgemeine Wehrpflicht betrifft alle 20- bis 45-Jährigen, die eine gut viermonatige »Rekrutenschule« zu absolvieren haben. Die zwölfmal anstehenden »Wiederholungskurse« betrachten die einen einfach als willkommene Abwechslung vom Berufsalltag, den anderen steht nun seit kurzem endlich ein Zivildienst zur Verfügung. Das Besondere am Schweizer Soldaten ist, dass er seine gesamte Ausrüstung inklusive Sturmgewehr zu Hause aufbewahren und einsatzbereit halten muss.

Bergsteigen

Das Bergsteigen hat in der Schweiz naturgemäß eine große Tradition. Allerdings sollte man in höhere Regionen nur unter sachkundiger Leitung steigen. Auskunft geben das *Schweizer Verkehrsbüro* und die *Schweizer Arbeitsgemeinschaft für Wanderwege (SAW), 4125 Riehen, Im Hirshalm 49, Tel. 061/606 93 40, Wandertelefon: 061/606 93 46.* Bei ihr kann man auch kostenloses Informationsmaterial mit Wanderkarten für die niederen Regionen bestellen. Insgesamt gibt es über 50 000 km markierte Wanderwege. Gelbe Schilder mit schwarzer Schrift weisen den Weg. Die *Notrufnummer der Schweizerischen Rettungsflugwacht: 14 14.*

Birchermüesli

Benannt ist diese kleine Köstlichkeit, die in Zeiten körperbewussten Essens ihren Siegeszug weit über die Schweizer Grenzen angetreten hat, nach dem Schweizer Arzt Dr. Bircher Benner. Er wollte gesunde Ernährung und gutes Essen miteinander verbinden. Sein klassisches Mus, das sehr luftig sein soll, geht so: Haferflocken werden 20 Minuten in Milch eingeweicht und – nach Geschmack – mit Joghurt angereichert. Anschließend werden geriebene Haselnüsse, gehackte Walnusskerne, die in der Schweiz übrigens Baumnüsse heißen, ein geriebener Apfel und frische Saisonfrüchte wie Erdbeeren, Himbeeren, Zwetschgen oder Aprikosen untergehoben.

Friedrich Dürrenmatt

Der 1990 verstorbene Schriftsteller Friedrich Dürrenmatt wurde am 5. Januar 1921 in Konolfingen bei Bern geboren. Mit Theaterstücken wie »Der Besuch der alten Dame«, »Die Physiker« und »Die Ehe des Herrn Mississippi« zählt er heute zu den meistgespielten deutschsprachigen Dramatikern in der Welt. Auch seine Kriminalromane »Der Richter und sein Henker«, »Der Verdacht« und »Das Versprechen« wurden in viele Sprachen übersetzt. Dürrenmatt, der als Theaterkritiker bei der Zürcher »Weltwoche« zu schreiben begonnen hatte, war zeit seines Lebens ein engagierter Kritiker schweizerischer Engstirnigkeit, was ihm seine Landsleute zutiefst übelnahmen. Trotzdem hegte er nicht nur Hass für sein Land. Einer seiner berühmten Aussprüche lautet: »O Schweiz! Don Quijote der Völker! Warum muss ich dich lieben?«

Eisenbahnland
Die Schweizer sind die eifrigsten Bahnfahrer der Welt. Obwohl die Japaner mit 60 Reisen im Jahr (gegenüber 49 bei den Schweizern) in der Häufigkeit auf Platz eins stehen, werden sie nach gefahrenen Streckenkilometern von den Eidgenossen lässig abgehängt: Die Schweizer sind pro Jahr im Durchschnitt 1898 Bahnkilometer unterwegs, die Japaner »nur« 1691. Da wundert's nicht, dass die Schweizerischen Bundesbahnen (SBB) mit ihrem tadellos ausgebauten Streckennetz die pünktlichsten der Welt sind. Und zu den saubersten der Welt zählen. Isst man schon in den Speisewagen der SBB vorzüglich, so kann man dies erst recht in vielen Bahnhofsgaststätten tun. Die Schweizer Bahnhofsbüfetts haben eine eigene Kultur entwickelt. Service und Küche sind oft auf sehr hohem Feinschmeckerniveau. Auf Anfrage verschickt das Sekretariat des Wirteverbands des Kantons Bern *(3000 Bern 22, Standstr. 8, Tel. 031/332 17 77)* sogar ein Mitgliederverzeichnis.

Föderalismus
Dass die Schweiz keine eigentliche Nation ist, macht schon die Topografie deutlich: Das Dach der Alpen mit seinen 41 Viertausendern liegt auf Schweizer Staatsgebiet, das Land entwässert sich in vier große Stromgebiete – mit dem Rhein zur Nordsee, der Rhône und dem Ticino zum Mittelmeer und dem Inn zum Schwarzen Meer. Dementsprechend haben sich auch kulturelle und sprachliche Identitäten ausgebildet. Im Einzugsgebiet des Rheins werden vor allem alemannische Dialekte gesprochen, der Rhône entlang herrscht das Französische vor, im Tessin ist man nach Italien ausgerichtet, und in Graubünden wird noch das Rätoromanische gepflegt, das erst seit 1938 offiziell als vierte Landessprache anerkannt ist. Die Schweiz ist also ein föderalistischer Bund verschiedener Gemeinwesen, der relativ autonomen Kantone, die allesamt mit wichtigen Aufgaben wie Gesundheitswesen und Ausbildungsaufgaben betraut sind. Jede Region besitzt auch ihre kulturellen und politischen Hauptorte; einen zentralistischen »Wasserkopf« wie Paris kennt die Schweiz nicht. Der von dem 1996 verstorbenen Historiker J. R. von Salis formulierte Schweizer Grundsatz »Einheit ja, Einheitlichkeit nein« könnte gut für die problemgeplagten Köpfe von EU-Politikern Modellcharakter haben, denn ist es nicht die Schweiz, die seit langem vormacht, wie nordische Kühle und mediterranes Heißblut nicht nur nebeneinander existieren, sondern gar kooperieren können? Allerdings auch nicht ohne Schwierigkeiten, wie der berühmte »Röschtigraben« zwischen Deutsch- und Westschweizern zeigt.

Fremdenlegion
Der Schweizer Oberst Stoffel aus Arbon am Bodensee gründete 1831 die Vorläufertruppe der französischen Fremdenlegion. Er wollte damit Angehörigen der aufgelösten Regimenter des Bürgerkönigs Louis-Philippe die Möglichkeit geben, weiterhin Dienst in der französischen Armee zu leisten. Nach Schätzun-

gen taten seit dem Gründungsjahr 60 000 Schweizer Dienst in der Fremdenlegion – auch dann noch, als vor dem Zweiten Weltkrieg wie in anderen Ländern Europas begonnen wurde, Fremdenlegionäre nach der Rückkehr in ihre Heimat zu bestrafen. Heute schätzt man, dass 300 bis 600 Schweizer Mitglied der immer noch bestehenden französischen Söldnertruppe sind.

Max Frisch

Mit lebenslanger Boshaftigkeit hat der 1991 verstorbene Max Frisch, neben Dürrenmatt der zweite Schweizer Schriftsteller des 20. Jhs. von Weltgeltung, sein Heimatland begleitet. Auch ihn, den Zyniker (»Obschon es auch rechte Schweizerinnen gibt, fühlt der rechte Schweizer sich wohler unter Männern.«), betrachten viele Schweizer nicht gern als einen der ihren. Max Frisch, am 15. Mai 1911 in Zürich geboren, hatte zuerst als Architekt gearbeitet, bevor er sich 1955 als Schriftsteller selbstständig machte. Seine Theaterstücke (»Herr Biedermann und die Brandstifter«, »Andorra«) und seine Romane (»Stiller«, »Homo Faber«, »Mein Name sei Gantenbein«) wurden internationale Erfolge. Frischs Kritik an den Zuständen in der Schweiz geriet im Alter immer schärfer. Ihn regte der Fremdenhass genauso auf wie die Jagd nach dem Geld. Und immer wieder empfand er die Schweizer als Volk als äußerst unehrlich: »Ich hasse nicht die Schweiz, sondern die Verlogenheit. Das ist, auch wenn es in der Folge oft aufs Gleiche hinausläuft, grundsätzlich ein Unterschied.«

Giacometti

Das ist der Name einer berühmten Künstlerfamilie aus dem Ort Stampa in Graubünden. Vater Giovanni Giacometti, der in München und Paris Malerei studierte, gilt als einer der führenden Schweizer Nachimpressionisten. Sein Vetter Augusto kam über den Jugendstil zur abstrakten Malerei. Aber erst Giovannis Sohn Alberto Giacometti wurde weltberühmt. Der am 10. Oktober 1901 in Graubünden geborene und am 11. Januar 1966 in Chur verstorbene Maler und vor allem Bildhauer entwickelte in den Vierzigerjahren seinen Stil: ausgedünnte, überlange Figuren, Büsten und Köpfe mit rissigen Oberflächen, die heute in den großen Museen der Welt stehen. Alberto Giacomettis Bruder Diego lebte und arbeitete mit ihm zusammen in Paris. Doch Diego, der sich selbst einen Handwerker nannte und der seinen Bruder nur um ein paar Jahre überlebte, verlegte sich auf das Design von Möbeln und anderen Gebrauchsgegenständen; die Kunst überließ er Bruder Alberto, was der mit dem berühmt gewordenen Satz begründete: »Er ist die Hand; ich bin der Kopf.«

Glacier- und Berninaexpress

Wann immer die schönsten Zugfahrten der Welt aufgezählt werden, gehört neben dem ebenso bekannten Orientexpress der Glacierexpress dazu. Er macht die landschaftlich schönste, aber reisetechnisch überflüssigste Fahrt der Welt. Für 291 km von Zermatt über Brig, Andermatt, Chur nach Davos oder St. Moritz braucht der schleichende Ex-

Die Marco Polo Bitte

Marco Polo war der erste Weltreisende. Er reiste in friedlicher Absicht, verband Ost und West. Er wollte die Welt entdecken, fremde Kulturen kennen lernen, nicht zerstören. Könnte er heute für uns Reisende nicht Vorbild sein? Aufgeschlossen und friedlich sollte unsere Haltung auf Reisen sein. Dazu gehören auch Respekt vor Mensch und Tier und die Bewahrung der Umwelt.

press mehr als siebeneinhalb Stunden. Dafür bekommt man aber, besonders im Winter, einzigartige Bilder wie in einem gigantischen Naturfilm zu sehen. Bei der Fahrt überwindet der Zug 2500 Höhenmeter, von denen er einige Steigungen nur mit Hilfe von Zahnrädern nehmen kann. Auf der Strecke liegen 291 Brücken und 91 Tunnel, hinter denen sich immer wieder neue Landschaftswelten auftun. Sogar ein altes Teilstück über den Furkapass ist wieder in Betrieb genommen worden: Während ein Basistunnel die Wintersicherheit des normalen Bahnbetriebs garantiert, dampfen im Sommer alte Lokomotiven und Wagons über die wiederhergestellte betagte Trasse.

Der Glacierexpress verkehrt täglich um 9.30 und 10 Uhr ab St. Moritz (Mitte Okt. bis Mitte Mai nur um 9 Uhr) sowie in der Gegenrichtung um 8.52 und 9.32 Uhr ab Zermatt (Mitte Okt. bis Mitte Mai nur um 10.10 Uhr). Direkte Buchungen nimmt die *Furka Oberalp-Bahn, 3900 Brig, Ueberlandstr. 9, Tel. 027/922 81 11,* entgegen. Für das Mittagessen im Speisewagen, das zum Erlebnis einfach dazugehört, ist eine gesonderte Reservierung bei der *Schweizerischen Speisewagen-Gesellschaft, Tel. 081/252 14 25,* erforderlich *(Mo bis Fr 8–17.15, Sa, So 8–16 Uhr).* Die Preise bewegen sich je nach Klasse und Ausstiegsort zwischen *66 und 200 Franken.*

Wem das noch nicht reicht, der verlängert seine Reise von St. Moritz bzw. seinem Nachbarort Pontresina mit dem bahntechnisch sehr eindrucksvollen Berninaexpress über den gleichnamigen, 2200 m hohen Pass, durch das reizvolle Poschiavo-Tal über diverse Kunstbauten bis hinunter ins nur noch 438 Meter hoch gelegene Tirano im italienischen Veltlin *(Informationen bei Rail-Service, Tel. 157 22 22).*

Heidi

Das herzige, kraushaarige Kind Heidi wurde zum Markenzeichen der Schweizer Alpenwelt. Geschafft hat dies eine Frau mit nur zwei Büchern: Die honorige Zürcher Stadtschreibersgemahlin Johanna Spyri schrieb 1880 im Alter von 53 Jahren nacheinander die beiden Bücher »Heidis Lehr- und Wanderjahre« und »Heidi kann brauchen, was es gelernt hat«. Für die damalige Zeit wurden die Bücher quasi über Nacht Bestseller und kamen, was bis heute immer noch eine kleine Sensation ist, übersetzt aus dem deutschsprachigen auf den amerikanischen Markt.

Die Dame Spyri war kein unbeschriebenes Blatt. Bis zur »Heidi« hatte sie bereits 49 Erzählungen mit so schönen Titeln wie »Wie Wieseli's Weg gefunden wird« veröffentlicht.

Kuhglocken
Sie gehören zur Schweiz wie der Käse, der aus der Milch der Kühe gemacht wird. Man hört sie überall und – was mancher als störend empfinden mag – auch frühmorgens durch das geschlossene Fenster eines hoch gelegenen Hotels. Dabei hat die Eidgenossenschaft – man ist da ganz genau – höchstrichterlich entschieden, dass Kuhglockengeläut nicht als gesundheitsschädlich eingestuft werden kann. Ein genervter Waadtländer hatte die Klage durch alle Instanzen bis zum obersten Gerichtshof angestrengt. Der empfahl dann lediglich, den Kühen Glocken bis maximal Größe acht umzubinden. Immerhin, es gibt auch doppelt so große.

Neutralität
Seit dem Friedenskongress in Wien 1815, wo die europäischen Mächte der Schweiz die »Anerkennung und Gewährung der immerwährenden Neutralität« versprachen, mischt sich die Schweiz – offiziell – in keine fremden Konflikte ein und schließt keine Bündnisse ab. Konservative Heißsporne, von denen es in der Schweiz nicht wenige gibt, leiten daraus eine Politik der Absonderung ab, und es gelingt ihnen sogar, die Mehrheit des abstimmenden Schweizervolks gegen einen Uno-Beitritt zu gewinnen. Andererseits werden die guten Dienste der Schweizer Diplomatie in Krisengebieten gerne in Anspruch genommen, und die fortschrittlicheren Kreise sähen die Alpenrepublik gern – allerdings nicht bedingungslos – als Mitglied der EU.

Nummernkonten
Das Bankgeheimnis wird in der Schweiz immer noch hoch gehalten. Doch die Finanzhochburg von einst bröckelt. Es gibt attraktivere Steuerparadiese, wie die karibischen Cayman Islands. Und die Idee vom guten alten Nummernkonto ist ohnehin längst nicht mehr so attraktiv, seit das Doppelbesteuerungsabkommen zwischen den Staaten auch eingehalten wird. Trotzdem wird die durchaus seriöse Finanzberatung der Schweizer Banken noch gern angenommen. Auf die sich langsam verändernde Situation reagierte der Schweizer Schriftsteller Adolf Muschg mit beißendem Spott: »Nun, da sich die Nummernkonti leeren, zeigt sich auch das geistige Defizit: Die Schweiz weiß nicht mehr so recht, was sie eigentlich soll.«

Pflanzen- und Tierwelt
Die Schweiz ist Natur pur. Auf engem Raum kann man hier einen Reichtum von Fauna und Flora sehen wie selten in Mitteleuropa. Die Pflanzenwelt des Landes muss man in fünf Vegetationsstufen einteilen. Bis zu einer Höhe von 600 m gedeihen Nutzpflanzen. Der Laub- bzw. Mischwald, den man auch Bergwald nennt, besteht bis in eine Höhe von 1200 m vornehmlich aus Buchen, Föhren und Tannen. Steigt man noch höher, bis etwa

Blühende Bergwelt am Luganer See

2000 m, beginnt der Lärchenwald. Darüber fängt die Mattenzone mit vereinzeltem Buschwerk und Krüppelkiefern an. Über 2500 m breitet sich die Zone des ewigen Schnees aus. Auf den Almweiden gedeihen im Sommer so wunderschöne Blumen wie Alpenanemone, Alpenrose, Eisenhut, Enzian und Männertreu. Noch höher ist das streng geschützte, genügsame Edelweiß zu finden.

Auch die Tierwelt ist vielfältig. Die meisten Arten stehen unter Schutz oder dürfen nur zu bestimmten Zeiten des Jahres gejagt werden. Auskünfte erteilen die kantonalen Jagdverwaltungen. Im Einzelnen findet man in den alpinen Regionen Adler, Bergdohlen, Murmeltiere, Luchse, Gemsen und Steinböcke. In den tiefsten Wäldern gibt es Damwild, Füchse, Hasen und Wildschweine, aber auch so seltene Geschöpfe wie die Aspisviper, den Biber, den Feuersalamander und die Zauneidechse. Bei den Vögeln findet man Distelfink, Eisvogel, Eule, Kauz und alle Arten der weniger seltenen Zugvögel, sogar ein paar Bartgeier. Die vielen (auch sehr kleinen) Seen sind besonders bevölkerte Biotope. Dort leben Wasserspinnen und Wasserzikaden, Kröten, Molche, Unken und Libellen. Und in den großen Seen schwimmen reichlich Fische, hauptsächlich Egli, der dem Barsch verwandt ist, Felchen, Forellen und Hechte. Das Fischen mit einer ordentlichen Angelrute ist erlaubt und sogar gebührenfrei. Einzelheiten über die Fischgewässer erfährt man beim *Bundesamt für Umwelt, Wald und Landschaft, Sektion Fisch, Tel. 031/322 93 11.*

Steinbockjagd

Wie die übrige Jagd unterliegt der Abschuss der einst artengeschützten Steinböcke kantonalen, äußerst strengen Regelun-

Felsenhänge sind die Heimat der wendigen Steinböcke

gen. Der Grund: Die früher fast schon ausgerotteten Tiere vermehren sich mittlerweile wieder so stark, dass sie das natürliche Gleichgewicht ihrerseits durcheinander zu bringen drohen. Zur Regulierung des Bestands hob das Bundesamt für Umwelt, Wald und Landschaft in Bern das strikte Jagdverbot 1991 erstmals auf. Ungefähr 1500 der 12 000 in den Schweizer Alpen lebenden Steinböcke wurden damals zum Abschuss freigegeben. Die Regierung der Schweiz war der Ansicht, dass die Steinböcke den wehrloseren Gemsen das Futter wegnahmen und für erhebliche Waldschäden verantwortlich waren. Die heute hier lebende Population von Steinböcken geht übrigens auf ein Aussetzen von nur fünf Steinböcken im Jahr 1911 bei St. Gallen zurück. Bis dahin galten die Tiere auf der Welt (mit der Ausnahme einer kleinen Kolonie im norditalienischen Gran Paradiso) als ausgerottet.

Jean Tinguely

Der Maler, Bildhauer und Aktionskünstler Jean Tinguely war bis zu seinem Tod 1991 und noch darüber hinaus so etwas wie ein Nationalheld der Schweizer. Ein abstrakter, versponnener Künstler als nationale Integrationsfigur – geht das? Es ging! Denn Tinguely, der am 22. Mai 1925 in Fribourg geboren wurde, war weitaus mehr als ein Aufschrecker der Kunstwelt. Er galt den Eidgenossen als sympathischer Kauz, als liebenswürdiger Chaot. Er war Inbegriff der modernen Kunst im Land, und gleichzeitig nahm er den Menschen die Schwellenangst vor ihr.

Der 100. Geburtstag eines Basler Chemiekonzerns machte es möglich, dass der widerspenstige Künstler nur fünf Jahre nach seinem Tod in Basel ein eigenes Museum erhielt. Für den 30-Millionen-Bau zeichnet der Schweizer Stararchitekt Mario Botta verantwortlich.

Uhren

Die Schweiz ist das Land der Uhrenherstellung – seit Chronometer überhaupt hergestellt werden. Die Firmen haben fast alle große Namen und eine lange Tradition. Jeder, der sich für Uhren interessiert, kennt sie: Omega, Rolex u. a. Heute kommen die schönsten, die teuersten, die haltbarsten Uhren aus der Schweiz. Und es kommt auch jener Zeitgeist, wie ihn die modische Swatch symbolisiert, aus der Schweiz – die Uhr, die alle Welt trägt.

Wintersport

Die Bergwelt der Alpen lädt natürlich im Winter zum Skifahren ein. Die Schweiz ist ein Wintersportland, das kaum Wünsche offen lässt. Die schönsten und weitläufigsten Skigebiete des Landes sind die Jungfrau-Region im Berner Oberland, Les Quatres Vallées, Crans Montana, Zermatt und Saas-Fee im Wallis, Davos, Flims, St. Moritz und Lenzerheide/Valbella in Graubünden. Informationen über die Skigebiete gibt es bei *Schweiz Tourismus (Tel. 157 120 120)* oder bei *Schweiz Ferien, Postfach, CH-8027 Zürich, oder im Internet: www.schweizferien.ch.*

Zeitungen

An den Schweizer Kiosken gibt es eine Reihe von Presseerzeugnissen, die in Europa einen sehr guten Ruf haben, z.B. die Tageszeitung »Neue Zürcher Zeitung« (NZZ), die Wochenzeitung »Weltwoche«, das Kulturmagazin »du« und die Frauenzeitschrift »annabelle«. Trotz diverser Fusionen und Konkurse gibt es in den Städten und Regionen noch viele Lokalblätter, die auch über das Veranstaltungsprogramm informieren. Die bekanntesten: »züritipp«, die Freitagsbeilage des Zürcher »Tages-Anzeigers«. Zeitungen aus Europas Metropolen gibt es meist am selben Morgen in den großen Hotels und an den Bahnhöfen.

Skurril und verspielt: Jean Tinguelys »Fasnachtsbrunnen« in Basel

suppe

Urchig, glutschtig und rüdig guet

Das Genießen ist in der Schweiz gar nicht so einfach. Denn die Qual der Wahl ist bei dem fast überall außerordentlichen Essen groß

Einfach ist es allemal, sich in der Schweiz satt zu essen. Gasthäuser gibt es reichlich. Und die meisten sind, verglichen mit dem internationalen Standard, mehr als gut. Doch genau da beginnt die Schwierigkeit. Reisende haben wohl in keinem Land der Welt so sehr die Qual der Wahl. Selbst die währschaftesten (was auf Schweizerdeutsch einfach oder bäurisch heißt) Gaststuben erfüllen hohe Qualitätsansprüche. Viele sind urchig (das heißt typisch) für die Gegend, in der sie stehen. Die meisten empfindet der Gast beim Blick auf saubere Tischdecken und funkelnde Gläser als glutschtig (appetitlich). Und eine ungewöhnlich hohe Zahl von Restaurants erfüllt alle Voraussetzungen fürs ganz große Lob: rüdig (außerordentlich). Gar nicht einfach also, den richtigen Platz zu finden, an dem man sich in der Schweiz rundum satt essen mag. Was für die Sprachen und das Wetter gilt – dass die Schweiz so etwas wie ein Europa im Kleinen ist –, muss man auch als Maßstab für das Essen und Trinken ansetzen. Gerade an den Rändern gibt es die Einflüsse aus den Nachbarländern. Und doch: Was die Schweizer daraus machen, ist und bleibt einzigartig. Der Platz reicht hier bei weitem nicht aus, um auch nur annähernd allen besuchenswerten Wirtschaften gerecht zu werden, denn nach dem Schweizer Gastrokritiker Beat Wüthrich hat jeder Kanton mindestens ein Spitzenlokal der Nobelklasse.

Wer jedoch nicht gleich ein Riesenloch in seine Reisekasse bekommen möchte, wird in einfacheren Gasthäusern den Spezialitäten des Landes nachspüren.

Hinter ländlichen Fassaden verbirgt sich höchste Kochkunst

Essen

Beginnen wir mit typischen Vorspeisen: *Zigerhörnli,* ein Glarner Rezept, sind mit dem Schabzieger, einem nur im Kanton Glarus aus Magermilch und Kräutern hergestellten Käse, überbackene Teigwaren. Im deutlich vornehmeren Genf bevorzugt man *überbackene Artischocken,* die mit schmalen Streifen von Bündner Rohschinken, Champignons und Greyerzer Käse gefüllt sind. *Panierter Tomme* ist ein unverwechselbarer Alpenkäse, den es im Waadtland gibt. Die *Bölletünne* in Schaffhausen ist ein höchst schmackhafter Zwiebelkuchen. Die *Alphüttensuppe* aus Fribourg ist eine schwere Gemüsesuppe mit Makkaroni, Rahm und geriebenem Käse. Aus der Suppenküche kommen auch die Tessiner *Busecca* aus Kutteln und die Berner *Märitsuppe* mit Trockenerbsen, Kartoffeln und *Gnagi,* gepökelter Schweinshaxe.

Deftig geht es bei den Hauptspeisen oft weiter, wenn man sich nicht für Fisch *(Saibling, Egli)* aus den Schweizer Seen entscheidet. *Papet Vaudois* ist in Schweineschmalz gedünstetes Kartoffel-Lauch-Gemüse, zu dem es die fette *Waadtländer Saucisson* gibt, eine geräucherte Schweinewurst. *Verzada-Cassola* heißt das Bündner Rezept für einen Siedfleischeintopf mit Weißkohl. *Gitzichüechli,* die es im Appenzeller Land an hohen Feiertagen gibt, sind gekochte, in Mehlteig gebackene Filetstücke vom Ziegenkitz.

Einen Sonderstatus als Hauptgericht nehmen *Käsefondue* und *Raclette* ein. Denn beide sind mehr als ein Essen, nämlich Geselligkeit. Für das Käsefondue köcheln, je nach Region, verschiedene Käsesorten auf einem Rechaud in der Mitte des Tischs. Die Essenden tunken Brot- oder Kartoffelbrocken in den sämigen Sud. Der Raclettekäse aus dem Wallis wird mit Hilfe eines Tischgrills geschmolzen und dann Schicht für Schicht abgeschabt. Dazu gibt's Pellkartoffeln und eingelegte Silberzwiebeln. Vor, zwischen und nach beiden Gerichten helfen ein gutes Kirschwasser und Tee, die im Magen langsam wieder hart werdenden Käseklumpen besser zu verdauen. Doch keine Angst, in Maßen genossen, ist Raclette eine Köstlichkeit.

Wer es nun – nach all den Köstlichkeiten – noch schafft, an ein Dessert zu denken, der ist in der Schweiz selbstverständlich auch am richtigen Platz. Torten gibt es in allen Variationen, Teig-, Frucht- und Nussmischungen. Drei besondere seien herausgehoben, weil sie in der ganzen

Die würzige Idee

Es ist nicht überliefert, ob Julius Michael Johannes Maggi, 1846 als fünftes von sechs Kindern im Kanton Thurgau geboren, ein Suppenkasper war und also als Kind seine Suppe nicht gelöffelt hat. Als Erwachsener und Unternehmer entwickelte er jedenfalls ein Herz für Suppenesser. Er erfand die Maggi-Würze, die noch heute, über 100 Jahre nach der Erstauslieferung, die Genießer entzweit. Die einen halten die braune Mischung in der von Anbeginn an gleichen eckigen Flasche mit dem gelbroten Etikett für einen Angriff auf die Geschmacksnerven. Andere – sie sind bei weitem in der Überzahl – schwören auf das Gebräu, das so süchtig machend nach Liebstöckel schmeckt und doch nur aus dem Eiweiß von Erdnuss, Mais und Weizen besteht.

Welt einen Namen haben: die *Engadiner Nusstorte,* die *Rüeblitorte* aus dem Aargau aus geriebenen Karotten, Nüssen und Maisstärke und die *Zuger Kirschtorte* aus Buttercreme, Biskuit und einem Japonaisboden von geschlagenem Eiweiß.

Trinken

Zum Essen gibt es in der Schweiz ein großes Angebot an eigenen Weinen, die man in »Dezi« bestellt (fünf Dezi sind ein halber Liter). Aus dem Wallis kommen *Petite Arvine, Fendant* und *Ermitage* als Weiß-, *Dôle, Goron* und *Pinot Noir* als Rotweine. Das Waadtland liefert *Féchy, Vinzel* und *Dézaley* als Weiß-, *Salvagnin* und *Pinot Noir* als Rotweine. Vom Neuenburger See gibt es *Chardonnay, Chasselas, Pinot Blanc, Neuchâtel* als Weißwein, vom Genfer See *Chasselas* als Weiß- und *Gamay* als Rotwein. Und im Tessin schließlich findet man einen sehr guten roten *Merlot.*

Bei aller Völlerei braucht man nach dem Essen einen Zerstäuber. Auch da hat die Schweiz Ansehnliches zu bieten. Neben dem bereits erwähnten *Zuger Kirschwasser,* das besonders weich ist, wenn es wenigstens zwölf Jahre gelagert wird, kredenzt man *Pflümli* oder *Pruneau,* das Zwetschgenwasser, *Le Bon Père William,* den Williamsbirnenschnaps, oder ein *Eau-de-vie de Pommes,* einen klaren Geist vom Gravensteiner Apfel.

Wenn dann die Kellnerin, die in der Schweiz Serviertochter heißt und nicht mehr wie früher mit »Fräulein« angesprochen werden sollte, kommt und fragt: »Sind Sie bedient?«, dann heißt das so viel wie: »Haben Sie noch einen Wunsch?« Doch den haben Sie nach so viel Üppigkeit kaum noch.

Der Nachschub ist gesichert: Käse für Fondue und Raclette

Es muss nicht immer Andenkenkitsch sein

In der Schweiz ist ein Einkaufsbummel nicht gerade preiswert. Dafür kann, wer sucht, viel Typisches finden

Wir wollen sie einfach übersehen, die vielen Andenkenläden (für die amerikanischen und japanischen Touristen heißen sie »Gift Shops«). Sie stehen bedauerlicherweise fast schon überall in der Landschaft herum und verschandeln mit ihrem kitschigen Angebot von Armbrüsten, hohlen Gassen, Tells (mit und ohne Sohn), Kuhglocken (mit und ohne Ton) vornehmlich die Uferplätze und Uferpromenaden an den wunderschönen Schweizer Seen. Wir wollen auf den pfeildurchbohrten Apfel aus Holz, den es tatsächlich und nicht nur in Küssnacht gibt, verzichten und an dieser Stelle ein paar Anregungen für im besten Sinn brauchbare Mitbringsel geben.

Gut zu gebrauchen und obendrein richtig praktisch ist das bekannteste Taschenmesser der Welt: Das rote Schweizer Militär- oder Offiziersmesser mit dem weißen Kreuz in einer Ecke gibt es in mehr als zwanzig Größen und ebenso vielen Preisstufen auf dem Markt. Ein Vergleich lohnt daher allemal! Tüftler erfinden immer neue Kombinationen. So gibt es Messer mit Snowboard Tools für Sportliche und solche mit Cyber Tools für Computerfreaks.

Eine andere, schon fast in Vergessenheit geratene Spezialität sind die Spieldosen. Im Jura, vor allem in der kleinen Ortschaft Ste. Croix oberhalb Yverdon am Neuenburger See, entwickelte sich schon im 19. Jh. aus dem Uhrenhandwerk eine blühende Tradition der (Musik-)Automatenherstellung, die auch heute noch allerdings nicht unbedingt billige Spezialanfertigungen hervorbringt. Vom kleinsten Spieldosenwerk bis zum großen, ein Zimmer füllenden Musikautomaten, der stundenlang Tanzmusik spielen kann und sich vielleicht weniger als Souvenir eig-

Heute immer noch überaus beliebt: bemalte Bauernmöbel aus der Schweiz

net, ist in einem Museum in Ste. Croix alles zu bewundern – und eben auch einiges zu kaufen.

Das gibt es auch im Schweizer Heimatwerk. Dieses ist die Verkaufsorganisation all der Schweizer Heimwerkerinnen und Heimwerker, die unter dem Motto »von hier, von heute, von Hand« eine Unmenge hübscher, nützlicher und qualitativ hoch stehender Gebrauchs- und Schmuckgegenstände herstellen. Von geschnitzten Kühen über naive Kunst bis hin zu Gürteln mit aufgestanzten Messingkühen sind allein in Zürich in vier Läden »sinnvolle« Souvenirs zu kaufen. Über die Schweiz verteilt gibt es 20 Heimatwerk-Verkaufsstellen, und auch im Internet ist das Heimatwerk vertreten: *www.heimatwerk.ch.*

Wer eher den leiblichen Genüssen zugetan ist, kommt in der Schweiz ja nun wirklich in ein Paradies – auch beim Kauf von Andenken. Ein paar Anregungen gefällig?

Champagnertruffes (wenn's ein Eindruck machendes Geschenk sein soll, selbstverständlich von Sprüngli in Zürich) aus der Schweiz zergehen wirklich auf der Zunge. Jede Confiserie, die auf sich hält, hat ihr eigenes kleines Geheimrezept für die butterweichen Trüffelpralinen. Außerdem bereiten in zahlreichen Orten die Konditoreien köstliche Kuchen, ausgefallene Kekse und weitere regionale Spezialitäten zu. Als Beispiele genannt seien die *Appenzeller Hose-Chnöpfli,* eine Art winziger Rundbaisers oder *Meringue und Nidel* – gebackenes Eiweiß und Sahne. Letzteres wird gerne als ein spezielles *Zvieri* – eine nachmittägliche Zwischenmahlzeit – oder als Nachtisch kredenzt und kann in den fribourgischen Voralpen mit der unvergleichlichen *Crème de la Gruyère* genossen werden. Dies ist allerdings ein Vergnügen, das sich nur leisten kann, wer nicht Diät halten muss. Die anderen können die kunstvoll aus der Tüte gepressten Meringueschalen jedoch gut als Mitbringsel verwenden.

Herzhafter erinnern Käse, direkt in den Käsereien auf dem Land gekauft, an die Reise in die Schweiz: Emmentaler, Appenzeller oder ein schmackhafter Alpkäse sind daheim noch eine gute Zeit haltbar. Das gilt auch für den Schinken, die vielen verschiedenen Hartwürste und das so bekannte Bündner Fleisch, das, hauchdünn geschnitten, aus der Hand gegessen wird. Weit weniger haltbar sind die unvergleichlichen St. Galler Kalbsbratwürste, die es in den Metzgereien der Stadt zwar eingeschweißt gibt, die aber trotzdem nie länger als acht bis zehn Tage halten. In Lausanne in der Westschweiz hält man sich mit Vorteil an die *Paveaux,* viereckige »Pflastersteine« aus Schokolade, die ihren Namen von den gepflasterten Altstadtgassen der wunderschön am abschüssigen Ufer des Genfer Sees gelegenen Stadt haben. Natürlich wird im Land der Kühe auch im französischsprachigen Teil exzellenter Käse hergestellt. So zum Beispiel der *Tête des Moines* – er hat eine gewisse Ähnlichkeit mit der als typisch betrachteten Rundglatze der Mönche –, der mit einer kleinen Stange in der Mitte durchbohrt und mittels eines sich um diese drehenden Schabers *(girolle)* zu netten »Rüschen« verarbeitet und so genossen wird. Übrigens ein adrettes Souvenir.

Wer dazu einen passenden Wein mit nach Hause nehmen möchte, sollte unbedingt auf den Zoll und auf den Preis achten. Denn Fendant, Aigle und Dôle beispielsweise sind in den meisten Geschäften kaum preiswerter als im Ausland.

Was lohnt, sind die feinen Obstbrände, die allenthalben angeboten werden. Da gibt es den Birnenschnaps, der noch mit einer echten Williamsbirne in der Flasche verkauft wird, oder das Zuger Kirschwasser, das man – je nach Geldbeutel – in verschiedener Altersreife bekommen kann: Ein feiner, 25 Jahre alter Tropfen kostet rund 85 Franken.

Das Einkaufen in den großen Städten schwankt zwischen mondän und trödelig. Denn überall gibt es zwei- bis dreimal die Woche Flohmärkte zum Kramen auf der einen Seite und die Topadressen mit ihren Glitzerfassaden (Bahnhofstraße, Zürich) auf der anderen.

Die Öffnungszeiten der Geschäfte haben sich insgesamt gesehen dem mitteleuropäischen Standard angepasst – mit der Ausnahme, dass die Schweizer morgens ein bisschen früher auf den Beinen sind als andere Europäer. Normalerweise öffnen die Geschäfte zwischen 8 und 8.30 Uhr. In den Großstädten geht es dann ohne Mittagsruhe bis 18.30 oder 20 Uhr – wie in Zürich, wo die Geschäfte nicht mehr an Ladenschlusszeiten gebunden sind. Zusehends mehr Städte und vor allem auch Kurorte »deregulieren« ihre Ladenschlusszeiten, in Letzteren kann

Der Wochenmarkt auf dem Zürcher Rosenhof bietet allerlei Kuriositäten

während der Saison bereits seit längerer Zeit auch an Sonntagen eingekauft werden.

Abschließend noch ein Einkaufstipp für Flugtouristen in die Schweiz: Die Dutyfreeläden auf dem internationalen Flughafen von Zürich-Kloten, dem zehntgrößten Europas, gehören zu den besten der Welt. Gelegenheiten sind Schweizer Schokolade, Parfüms und Waren aus dem berühmtesten Tabakhaus der Welt: Zino Davidoff, der in Russland geborene Zigarrenzar, hat nämlich im schweizerischen Genf seine Wahlheimat gefunden. Wenn kein Zoll zu entrichten ist, kann man sich für einen Festtag sogar einmal die berühmte Zigarre »Davidoff Nr. 1« leisten. Gleich nebenan ist nur eines nicht preiswerter als in der Stadt: Eine »Swatch«, die seit Jahren als preiswerte Schweizer Popquarzuhr gewechselt werden kann wie eine Krawatte, kostet hier wie dort in der einfachsten Ausführung 50 Franken.

Wenn die Mädchen Knabenschießen

Feste in der Schweiz haben sehr viel mit Tradition und Brauchtum zu tun – trotz der modernen Zeit

Es ist wahrhaft Revolutionäres zu melden. Denn seit 1991, dem Jubiläum 700 Jahre Schweiz, dürfen bei dem weithin berühmten ★ Zürcher »Knabenschießen« auch Mädchen teilnehmen. 335 Jahre lang mussten sie auf diese Gleichstellung bei einem der ganz großen Schweizer Volksfeste warten.

Jahrhundertelang haben immer in der ersten Septemberwoche 13- bis 16-jährige Jungen ihren Schützenkönig ausgeschossen. Ganz früher einmal – Tell grüßt! – mit der Armbrust, dann mit Büchsen und seit 1962 mit einem Sturmgewehr scharf auf ein Ziel in 300 m Entfernung, was Kriegsgegnern immer wieder zu Protesten Anlass gegeben hat. Vergeblich: Denn in einem Land, in dem beinahe jeder Reservist der eidgenössischen Armee ist und sein eigenes Gewehr im Schrank stehen hat, gehört die Schießübung zur Freizeit. Beweis: Die Schützenvereine haben die größten Mitgliederzahlen von allen Freizeitklubs.

Nirgends ist die Fasnacht so bestaunenswert wie in der Schweiz

Dass nun auch die Mädchen beim »Knabenschießen«, dessen Name im Übrigen nicht verändert werden soll, an den Start gehen dürfen, sehen die Männer gelassen. »Die Frauen«, sagt Rolf Siegenthaler, Obmann der Zürcher Schützengesellschaft, »haben halt seit zwanzig Jahren gegen diesen Zustand der Diskriminierung protestiert.« Angst, dass die Mädels nicht mithalten können, hat der Obmann nicht: »Das Armeesturmgewehr hat wenig Rückschlag, damit auch kleine Mädchen keine Angst haben müssen.« Und: »Mädchen haben oft mehr Kraft und Begabung zum Schießen als Buben.«

GESETZLICHE FEIERTAGE

1. Januar: *Neujahrstag*
Karfreitag
Ostermontag
1. Mai: *Tag der Arbeit*
Auffahrt: *Christi Himmelfahrt*
Pfingstmontag
1. August: *Nationalfeiertag*
25./26. Dezember: *Weihnachten*
Die katholischen Feiertage wie etwa Mariä Empfängnis, Allerheiligen u.a. kommen nur in streng katholischen Gegenden hinzu.

MARCO POLO TIPPS FÜR FESTE

1 Fasnacht
Nirgends ist der Fasching so bunt wie in Basel oder Luzern (Seite 34)

2 Zürcher Sechseläuten
Bourgeoise Handwerkerzünfte paradieren (Seite 34)

3 Engadiner Skimarathon
Für Sportliche zum Mitmachen und für alle ein Erlebnis (Seite 34)

4 Jazzfestival Montreux
Ein Ohrenschmaus nicht nur für eingefleischte Jazzfans (Seite 35)

5 Filmfestival Locarno
Einer der wichtigsten Kintopp-Treffs der Welt (Seite 35)

6 Festwochen Luzern
Ein unvergleichliches Klassik-Großereignis (Seite 35)

FESTE/LOKALE VERANSTALTUNGEN

Januar

13. Januar *Appenzeller Silvesterkläuse* Etwas nach der Zeit feiern die Appenzeller ihren Jahreswechsel – in sehenswerten Kostümen.

13., 20. oder 27. Januar *Vogel Gryff* Als Auftakt zur Fasnacht haben die in Basel heimischen Zünfte Leu, Vogel Gryff und Wilder Mann ihre ersten tänzerischen Auftritte.

Februar/März

★ *Fasnacht* An der Schweizer Fasnacht wird noch Brauchtum gepflegt. Am schönsten kann man sie im Walliser Lötschental, in Luzern oder in Basel genießen – die Stadt am Rheinknie wartet mit dem »Morgestraich« auf: Am Montagmorgen nach Aschermittwoch pünktlich um 4 Uhr verwandelt sich die ganze Stadt in ein Getümmel von Masken, Pfeifen und Trommeln.

1. März *Chalandamarz* Mit Schellen und Peitschen verjagen die Menschen im Engadin die Dämonen des Winters.

★ *Engadiner Skimarathon* Über die zugefrorenen Oberengadiner Seen laufen am zweiten Märzwochenende weit über 10 000 Langläuferinnen und -läufer.

April

★ *Zürcher Sechseläuten* Am ersten Montag nach dem 16. April treiben die Handwerkerzünfte den Winter aus.

Erfindermesse Genf Alles Nützliche und Obskure, was die findigen Schweizer übers Jahr ausgetüftelt haben.

Mai

Maggiolata Am ersten Sonntag im Mai singen sich die Tessiner Chöre ein.

Kuhkämpfe Im Walliser Dorf Aproz lassen die Bauern ihre speziell gepflegten Kampfkühe aufeinander los, auf dass sie die »Königin der Königinnen« küren.

Juli

Marché-Concours Meist Ende des Monats nationales Pferdefest in Saignelégier im Jura.

August

Streetparade Zürich Meist Anfang des Monats gewaltiges Technospektakel mit 500 000 Raverinnen und Ravern.

September

Knabenschießen Das größte Zürcher Volksfest in der ersten Septemberwoche hat sich gewandelt. Seit 1991 dürfen auch Mädchen teilnehmen.

Oktober

Auf der *olma,* der Ostschweizer Land- und Milchwirtschaftsausstellung in St. Gallen, zeigen die Bauern, was sie haben, produzieren und brauchen.

November

Rütlischießen Die historische Veranstaltung vor dem 11. des Monats

Zibelemärit Der Berner Zwiebelmarkt findet jeweils am 4. Montag des Monats statt.

Dezember

Fête de l'Escalade Historisches Fest in Genf.

FESTIVALS

Juli

★ *Jazzfestival* In Montreux kommen die Großen des Jazz und Pop-Entertainer zusammen, die die Grenzen zwischen den Stilen überschreiten mögen.

August

★ *Filmfestival* Locarno. International hoch angesehene Filmtage.

September

Jazzfestival Willisau Im Luzerner Hinterland treffen sich illustre Jazzer. Klein, aber fein.

★ *Musik-Festwochen* Das Klassikfestival in Luzern wird weltweit gerühmt.

Musikantenumzüge gehören bei Schweizer Festen dazu

MODE

Vom Berner Oberland bis an die Grenze Frankreichs

Von hier aus kann man viel erreichen – hohe Berge, tiefe Seen und ein Tal, das in aller Welt für seinen Käse bekannt ist

Die Mitte der Schweiz ist Bern nicht. Und doch sind die Stadt und ihr weit gefasstes Umland, das wir für diesen Reiseführer vom Berner Oberland bis an die französische Grenze rechnen wollen, so etwas wie der Mittelpunkt des Landes. Hier führen die großen Reiserouten, hier laufen die Fäden Schweizer Politik zusammen. Denn schließlich befindet sich hier mit Bern die Hauptstadt des Landes. Ausführliche Informationen finden Sie im MARCO POLO Führer »Bern/Berner Oberland«.

Sehenswert: Zytglogge-Turm in Bern

BERN

☛ **Stadtplan auf Seite 128/129**

(**117/D 5**) Manchmal leidet Bern. Dann nämlich, wenn ein Ausländer zu sehr vom Glanz Zürichs, von der Grandiosität Luzerns und von der Weltläufigkeit Genfs schwärmt. Doch das Leiden währt nicht allzu lange. Denn die Berner sind stolz, in ihrer Stadt zu leben, die sie selbst nie als Großstadt bezeichnen würden. Dabei ist sie es selbstverständlich – mit ihren zahlreichen Möglichkeiten auch für den Reisenden. Bleiben wir beim Buchstaben B: Bern ist also Bundeshauptstadt (145 000 Ew.);

Hotel- und Restaurantpreise

Hotels

€€€: über 300 Franken
€€: 150 bis 300 Franken
€: bis 150 Franken

Die Preise gelten, wenn nicht anders angegeben, für ein Doppelzimmer ohne Frühstück.

Restaurants

€€€: über 80 Franken
€€: 30 bis 80 Franken
€: bis 30 Franken

Die Preise gelten für Vor- und Hauptspeise, Getränke sind darin nicht enthalten.

Bern ist darüber hinaus aber auch Bummelstadt zum Einkaufen, Bärenstadt wegen des Bären als Wahrzeichen und Brunnen- sowie Brückenstadt durch die gut erhaltene Altstadt. Bern ist mit seinen vielen Geranien außerdem eine Blumenstadt sowie eine Bohemestadt der Künstler und Studenten. Es heißt auch, dass die Menschen in Bern in ihrem Kopf, dem »Bärner Gring«, noch schweizerischer, Spötter sagen langsamer, sind als andere Schweizer. Das stört die Menschen der Hauptstadt nicht, die auf ihre Altstadt wirklich stolz sein können. Hinzu kommt, dass man von fast jedem Punkt der Stadt in kürzester Zeit an der von üppigem Grün umgebenen Aare ist, dem Fluss, der die Berner Altstadt in einer langen Schlaufe umfließt. Sommers lädt die Aare zum erquickenden Flussbad ein. Und im Lorrainebad, das gleich neben dem Fluss mit Quellwasser gespeist wird, trifft man »tout Bern«. Im Übrigen können die Berner mit Fug und Recht auf eine gewisse Pfiffigkeit verweisen. So verwandelt sich zum Beispiel der sonst verwaiste Waisenhausplatz dank der Berner *Ludothek*, die verschiedene Spiele zur Verfügung stellt, von Ende Mai bis Mitte September jeden Samstagabend zu einem für alle zugänglichen und beliebten Abendspielplatz.

BESICHTIGUNGEN

Altstadt

★ Die in einer Aareschlaufe auf drei Seiten eingeschlossene mittelalterliche Altstadt hat mit ihren blumengeschmückten Patrizierhäusern und Arkadengängen Aufnahme ins Unesco-Verzeichnis der Weltkulturgüter gefun-

MARCO POLO TIPPS FÜR BERN, MITTELLAND UND JURA

1 Altstadt Bern
Immer wieder stößt man an schöne Brücken und hübsche Plätze (Seite 38)

2 Schweizerisches Alpines Museum
Lernen Sie, wie die Schweizer ihr Land erschlossen haben (Seite 40)

3 Eiger-Nordwand
Die Herausforderung für Bergsteiger wird auch Sie in schaurig-schönes Staunen versetzen (Seite 44)

4 Emmental
Kein Käse: Nehmen Sie sich Zeit, dort ein wenig zu wandern (Seite 43)

5 Schweizerisches Freilichtmuseum am Ballenberg
Packende Völkerkunde informiert über den Schweizer Alltag von damals (Seite 42)

6 La Chaux-de-Fonds
Das Uhrenmuseum ist einen Besuch unbedingt wert (Seite 45)

den. Sehenswert sind auch die skurrilen Brunnen, ganz besonders der *Kindlifresserbrunnen.*

Bärengraben

Dieses Unikum von Tiergehege befindet sich am einen Ende der *Nydeggbrücke* und wird zusehends tiergerechter gestaltet. Schon in Urkunden aus dem 15. Jh. ist von einem Bärengraben die Rede, durch den angeblich die Jäger heimkehrten, die in den Wäldern mit großem Bestand an Braunbären reiche Beute gemacht hatten. Ebenso geht die Legende, dass der Bär, das Wappentier, der Stadt ihren Namen gegeben hat, weil die ersten Siedler beschlossen haben sollen, ihre Neugründung nach dem Tier zu benennen, das sie als Erstes erblickten.

Bundeshaus

Während der Sitzungen des Parlaments kann man die Räume dieses lang gestreckten Gebäudes, das 1902 fertig gebaut wurde, nicht besichtigen. Mit Vorteil nimmt man sonst die regelmäßigen *Führungen* in Anspruch, die *außer an Feiertagen tgl. um 9, 10, 11, 14, 15 und 16 Uhr* stattfinden. *Bundesplatz*

Dählhölzli

Den Tierpark, der über einen hinreißenden Kinderzoo (Tiere zum Anfassen) verfügt, erreichen Sie mit der *Buslinie 19. Tgl. 8–18.30 Uhr, Tierparkweg 1*

Käfigturm

An der Ostseite des *Bärenplatzes* steht der Turm aus dem 17. Jh. In ihm hat der Kanton Bern eine Informationsstelle mit Multivisionsschau eingerichtet. *Di–So 10 bis 13 und 14–18 Uhr*

Münster

Sein knapp 100 m hoher Turm überragt die Altstadt. Das Hauptportal gilt mit seinen reichen Verzierungen, die auch das Jüngste Gericht darstellen, als einzige gotische Pforte in der Schweiz. Von der Terrasse hinter dem Münster blickt man auf den Verlauf der Aare hinunter. *Münsterplatz 1*

Zytglogge-Turm

Das Wahrzeichen Berns, ein häufig umgebautes ehemaliges Stadttor, sollten Sie jeweils vier Minuten vor der vollen Stunde besuchen. Denn dann setzt die astronomische Uhr mit ihrem Glockenspiel ein schönes Figurenspiel in Bewegung. *Kramgasse*

MUSEEN

Bernisches Historisches Museum

Diese großartige Sammlung behandelt die Vor- und Frühgeschichte der Schweiz und gibt einen guten Überblick über Völkerkunde und Kunsthandwerk. *Di–So 10–17 Uhr, Helvetiaplatz 5*

Kunstmuseum

Hier können sich Kunstfreunde ausführlich über das Gesamtwerk des großen Malers Paul Klee (1879–1940) informieren. Der Deutsche hatte in Bern seine Wahlheimat gefunden. Neben einer Kollektion kubistischer Kunst besitzt das Museum eine bedeutende Sammlung bernischer Kunst von den Anfängen bis zur Gegenwart. *Di 10–21, Mi–So 10–17 Uhr, Hodlerstr. 8–12*

Museum für Kommunikation

»Erlebnispädagogisch« erschlossene Ausstellungen über Post-

Die Berner sind stolz auf ihre schöne Altstadt

und Fernmeldegeschichte sind der Clou dieses Hauses. *Di–So 10–17 Uhr, Helvetiastr. 16*

Schweizerisches Alpines Museum

★ Umfassender können Sie sich nicht über die Erschließung und den aktuellen Forschungsstand in den Alpen informieren. Hier wird nichts beschönigt – auch nicht die Gefahren, die für die Bergwelt vom Alpinismus ausgehen. *Mo 14 bis 17, Di–So 10–12 und 14–17 Uhr, Helvetiaplatz 4*

RESTAURANTS

Hier kommt sie nun wirklich her, die Berner Rösti, die man überall in der Schweiz als Beilage bekommen kann. Die Rösti isst man in Bern am liebsten mit einer deftigen Schweinsbratwurst. Wie überhaupt vieles, was in dieser Stadt aufgetischt wird, von kräftiger Statur ist: etwa der *Buurehamme,* ein hausgeräucherer Bauernschinken, die *Schweinsöhrli in Erbsensuppe* oder selbstverständlich die *Berner Platte,* die üppige Sauerkraut-Schlachtplatte.

Das nahrhafte Essen stammt noch aus der Zeit, als die Bauern aus dem benachbarten Emmental zum Weinhandel nach Bern kamen. Damals, bis zum Anfang des 19. Jhs., gab es in der Stadt 200 Weinbeizen. Ein scharfes Gesetz – die Lokale mussten um 21 Uhr schließen – machte dem Boom ein Ende. Heute gibt es von den alten Beizen leider nur noch zwei: den *Kornhauskeller (tgl. bis 0.30 Uhr, Kornhausplatz 18, Tel. 031/ 327 72 72, €)* und den *Klötzlikeller (Di–Sa 16–0.30 Uhr, Gerechtigkeitsgasse 62, Tel. 031/ 311 74 56, €).* In beiden ist nach 17 Uhr die Hölle los.

Das Angebot an rustikalen Gaststätten ist groß, sodass jeder etwas Passendes findet.

Della Casa

Ohne Übertreibung kann dieses Lokal als Institution bezeichnet werden. Die Einrichtung ist rustikal und eher düster und lässt nicht vermuten, wie lecker die gutbürgerliche Küche schmeckt. So ist es nicht erstaunlich, dass sich hier Berner und oft auch MinisterInnen die Klinke in die Hand geben. *Sa-Abend und So geschl., Schauplatzgasse 16, Tel. 031/311 21 42, €€*

Ermitage

In diesem sympathischen, nicht ganz preiswerten Restaurant sitzt man unter Bernern – besonders im *Bonbonniere* genannten 1. Stock, der sehr gemütlich ist. Die Fußgängerzone um den Bärenplatz ist ganz in der Nähe. *Sa/So geschl., Amthausgasse 10, Tel. 031/311 35 41, €€€*

EINKAUFEN

Wochenmärkte finden Di und Sa in der *Bundesgasse, Gurtengasse, Schauplatzgasse* und auf dem *Bundes-* sowie dem *Bärenplatz* statt. Jeden 1. Sa im Monat findet auf dem *Münsterplatz* der Handwerkermarkt und jeden 3. Sa im Monat ein Flohmarkt auf dem *Mühleplatz* statt. Die berühmten *Lauben* in der *Fußgängerzone* der Altstadt laden zum Bummeln ein.

ÜBERNACHTUNG

Die Hotelsituation ist nicht immer einfach, da Bern ein reiches Kongressleben hat und wegen der Bundesverwaltung sowie des Diplomatischen Corps auch sonst jede Menge Besuch bekommt. Eine Anmeldung ist deshalb in jedem Fall angebracht.

Bellevue Palace Bernerhof

Das Luxushotel liegt ideal. Direkt neben dem Bundeshaus hat es ruhige Zimmer mit Blick auf Aare und Alpen. In der Nähe beginnt die Einkaufszone der Altstadt. *145 Zi., Kochergasse 3–5, Tel. 031/320 45 45, Fax 311 47 43, €€€*

City am Bahnhof

Das Haus liegt nur zwei Minuten vom Bahnhof und von den berühmten Lauben entfernt. *58 Zi., Bubenbergplatz 7, Tel. 031/311 53 77, Fax 311 06 36, €€*

Innere Enge

Marions Jazz Club im Hotel ist ein In-Treff. *26 Zi., Engestr. 12, Tel. 031/309 61 11, Fax 309 61 12, €€*

Jugendherberge

Sie liegt unterhalb des Bundeshauses. *Weihergasse 4, Tel. 031/311 63 16, Fax 312 52 40*

AM ABEND

Obwohl Bern kaum als pulsierende Metropole zu bezeichnen ist, bietet die Hauptstadt doch einiges an Ausgehmöglichkeiten. Wer im »Bewegungsmelder«, der auch im Internet unter *www.bewegungsmelder.ch* zu finden ist, blättert, kann sich einen guten Überblick verschaffen.

Dampfzentrale

Jazzliebhaber und Fans der Improvisationsmusik kommen hier voll auf ihre Kosten und auch Tanzbegeisterte fühlen sich hier wohl. Als vielseitiger Veranstaltungsort ist die Dampfzentrale sowieso nicht mehr wegzudenken. *Marzilistr. 47, Tel. 031/311 63 37, www. dampfzentrale.ch*

Reitschule

Das einst umstrittene Objekt der Besetzerszene hat sich als alternativer Treffpunkt für ganz unterschiedliche Leute etabliert – ob auf ein Bier im Unter- oder auf eine Party im Dachgeschoss. *Neubrückstr. 8, Tel. 031/306 69 69, www. reitschule.ch*

AUSKUNFT

Bern Tourismus

Im Sommer tgl. 9–20.30 Uhr, im Winter: Mo–Sa 9–18.30, So 10–17 Uhr, im Bahnhof, Tel. 031/328 12 12, Fax 312 12 33, www.berntourism.ch

Berner Oberland Tourismus

Jungfraustr. 38, 3800 Interlaken, Tel. 033/823 03 03, Fax 823 03 30, www.berneroberland.com

ZIELE IN DER UMGEBUNG

Aareschlucht (117/F 6)

Bei Meiringen, auf dem Weg vom Brienzer See zum Grimselpass, verschließt eine natürliche Sperre das Tal. Die Aare hat diese jedoch mit einer 200 m tiefen und 1,4 km langen, eindrucksvollen Schlucht durchbrochen. Von April bis November ist diese auf einem schmalen Holzsteg zugänglich und im Juli und August ab 21 Uhr sogar beleuchtet.

Die wildromantische Aare-Schlucht

Ballenberg (117/F 6)

★ Auf dem Ballenberg, ein paar Kilometer östlich von Brienz am gleichnamigen See, ist auf einem weitläufigen Gelände das *Schweizerische Freilichtmuseum* entstanden. Häuser und Anwesen der verschiedenen Kantone sind hier nachgebaut, in denen – dem Prinzip eines »lebendigen« Museums folgend – Korbmacher und Töpferinnen, Bäcker und Weberinnen ihrem alten Handwerk nachgehen. Es gibt eine alte Schmiede, eine Käserei, einen Kohlenmeiler und einen historischen Frisiersalon. Eingänge befinden sich bei den Orten *Hofstetten* und *Brienzwiler. April–Okt. tgl. 10–17 Uhr, Tel. 033/951 33 66*

Biel/Bienne (116/C 4)

In wohl keiner Stadt der Schweiz ist das sympathische »Durcheinander« der Sprachen so groß wie hier. Ein Drittel der Bevölkerung spricht Französisch, der Rest Schweizerdeutsch. In Biel, das einem malerischen See seinen Namen gibt, ist besonders die Altstadt einen Besuch wert. In ihrem Zentrum findet man den *Ring*, einen von mittelalterlichen Gebäuden umstandenen Platz. Und spätestens an der Ring-Ostecke, bei dem Treppengiebelbau des *Zunfthauses zu Waldleuten* aus dem 16. Jh., glaubt man, dass die Zeit stehen geblieben ist. Doch das täuscht. Denn Biel ist eine moderne Industrie- und Handelsstadt, in der beides möglich ist: Pflege der Traditionen und Geschäftigkeit der Gegenwart. Wie um dieses Miteinander zu belegen, haben die Bieler ihr 1961 bis 1966 erbautes *Kongresshaus* zum Wahrzeichen erhoben. Es gibt viele nette Gaststätten, und im *Paradisli (Mo, Di geschl., Seevorstadt 19, Tel. 032/322 28 60, €€)*, dem Restaurant im ehemaligen Haus des Clowns Grock, werden Bilder zeitgenössischer Künstler gezeigt. Auskunft: *Regionales Verkehrsbüro, Bahnhofsplatz, Tel. 032/ 322 75 75.*

Emmental **(117/D–E 5)**

★ Irgendwie sind die Touristenströme an diesem Tal, das in aller Welt wegen seines Käses bekannt ist, vorbeigezogen. Oft wird der Emmentaler in Unkenntnis der Vielfalt schweizerischer Molkereiprodukte als *der* Schweizer Käse bezeichnet. Aber das Emmental? Nie gehört! Es liegt nur wenige Kilometer östlich von Bern und lockt mit unverbrauchter Natur und erholsamer Einsamkeit. Mehr als die Hälfte des Tals wird landwirtschaftlich genutzt. Die 200 Dorfkäsereien produzieren jährlich 10 000 Tonnen Emmentaler. In fast jeder Käserei darf, wer höflich fragt, zuschauen. Man muss aber früh aufstehen, denn gekäst wird morgens zwischen 8.30 und 9.30 Uhr. Wenn Sie im Emmental übers Land wandern (in Langnau gibt's eine *Jugendherberge, Mooseggstr. 32, Tel. 034/402 45 26)*, kann es passieren, dass Sie Männern begegnen, die hölzerne Schindeln an langen Stecken durch die Luft werfen. Sie versuchen, eine fliegende Kugel aufzuhalten, die eine gegnerische Mannschaft abgeschossen hat. Das Ganze ist ein nur im Emmental verbreitetes Spiel. Man nennt es Hornussen. Auskünfte über das Emmental: *Verkehrsverband in Langnau, Schlossstraße 3, Tel. 034/402 42 52.*

Fribourg **(116/C 6)**

Sie weinen beim Lachen. Und sie können auch noch bei Trauer ein bisschen Fröhlichkeit zeigen. Die Menschen in Fribourg haben dies zuletzt im Herbst 1991 bewiesen, als sie einen der ihren, einen ganz Großen dazu, zu Grabe trugen: Jean Tinguely, den Maler, Bildhauer und Maschinenbauer. Mit einem wahren Volksfest würdigten die Freiburger, wie sie auf Grund des hohen Anteils Deutsch sprechender Einwohner auch genannt werden, ihren Meister. Zum Leidwesen der Fribourger ist in Basel 1996 ein pompöses Tinguely-Museum eingeweiht worden, das einen Teil des Nachlasses beherbergt. Es geht das Gerücht, Tinguely selbst hätte es lieber gesehen, wenn sein ehemaliges Atelier zum Museum umgestaltet worden wäre. Man kann sich aber mit einem Besuch des vorzüglichen *Musée d'Art et d'Histoire (Di–So 11–18, Do bis 20 Uhr, Tel. 026/ 305 51 67, Villa Ratzé, Nähe Liebfrauenplatz)* trösten.

Oder mit einem Besuch im Kulturzentrum *Fri-Son (Route de la Fonderie 13, Tel. 026/424 36 25, www.fri-son.ch)*, das Anfang der Achtzigerjahre gegründet wurde und somit die wilden Jahre bereits hinter sich hat. Es ist auch heute noch weit über die Stadtgrenze hinaus bekannt. In erster Linie dank eines abwechslungsreichen und hochkarätigen Konzertprogramms. Nicht nur für die Konzertgänger ist die Bar ein Treffpunkt. Allgemeine Informationen über Fribourg gibt es beim *Office du Tourisme (Avenue de la Gare, Tel. 026/3213175).*

Gstaad **(122/A3)**

Das ist im Winter die Glitzerwelt, der Schickeria-Gegenpol zu St. Moritz. Hier hat Liz Taylor ihr Chalet. Hier fährt Ex-»Bond« Sean Connery die Pisten runter. Das hat Folgen! Weil der gesamte Straßenverkehr wie durch ein Nadelöhr durch den Ort geleitet wird, riecht es manchmal wie in der Großstadt. Betonburgen und Mammuthotels hat die strenge Berner Bauordnung allerdings verhindert, sodass der Ausblick über die Chalets idyllisch ist. Er geht auf die eher »flache« Bergwelt von Wasserngrat (1936 m), Lauenenhorn (2477m) und Giferspitz (2542 m). Schon im 7 km entfernten *Lauenen,* einem Dorf mit sehenswerter Kirche, ist der Flitterglitter Gstaads vergessen. Wer's mag und nicht so viel Geld zum Übernachten ausgeben will, findet in Gstaad den *Campingplatz Bellerive.* Auskunft: *Tourismusverband, Tel. 033/7488181.*

Interlaken **(122/B2)**

Die Stadt ist sozusagen die Eingangspforte zur atemberaubenden Bergwelt des Berner Oberlands. Hier spürt man schon die majestätische Pracht des Gipfeldreigestirns Eiger, Mönch und Jungfrau, alle um 4000 m hoch. Interlaken, wie der Name sagt, zwischen zwei Seen, nämlich dem Brienzer und dem Thuner See, gelegen, ist seit fast schon 200 Jahren ein mondäner Wintersportort. Und im Nachbarort *Unterseen* gibt es ein interessantes *Touristik-Museum (Mitte Mai bis Mitte Okt. Di–So 14–17 Uhr).* Auskunft gibt *Interlaken Tourismus (Tel. 033/ 8222121).*

Jungfrau-Region **(122/C3)**

An dieser Stelle des Berner Oberlands prallen die Superlative nur so aufeinander. Im Mittelpunkt die ★ *Eiger-Nordwand,* immer wieder Herausforderung für Hochalpin-Bergsteiger. Vor und nach der Erstbesteigung im Jahr 1938 durch eine deutsch-österreichische Seilschaft haben mehr als 50 Menschen ihr Leben an der »Mordwand« gelassen. Superlativ Nummer zwei: die *Jungfraujoch-Bahn.* Besonders die Amerikaner und Japaner lieben den höchsten Bahnhof (3454 m) auf dem *Jungfraujoch* (3475 m), von dem aus man eine prächtige Aussicht über den mächtigen Aletschgletscher genießt. Von der Zwischenstation *Eigerwand* (2866 m) kann man noch einmal einen Blick auf die mörderische Wand werfen, bis der Zug tief hinunter zum Bahnhof *Grindelwald* (1034 m) zuckelt. Wer auf die Reisekasse Rücksicht nehmen muss, kann mit der Jungfraujoch-Bahn von Grindelwald bis zur Station *Eigergletscher* (auf ca. 2300 m) fahren, am Fuß der Eigernordwand entlang bis zur Station *Alpiglen* (auf ca. 1600 m) wandern (2–3 Stunden) und von dort aus mit der Bahn zurück nach Grindelwald fahren. Das ist der größte Touristenort der Gegend, nicht der bekannteste. Dieser Titel gebührt Wengen – schon wegen der »Lauberhorn-Abfahrt«, einem der berühmtesten Rennen im internationalen Skizirkus. Der Ort selber ist autofrei. Auskünfte erteilt das *Verkehrsbüro Wengen (Tel. 033/8551414).*

Jura
Der Jura ist ein Höhenzug zwischen Genf und Basel entlang der französischen Grenze und bekannt für die Schönheit seiner schroffen Kalkfelsen und weitläufigen Hochebenen. Auf den sanften Hügeln werden die Freiberger Pferde gezüchtet, eine widerstandsfähige Rasse, die es dort auch braucht, denn in La Brévine (**116/A 5**) werden mit bis zu 40 Grad minus die tiefsten Temperaturen der Schweiz gemessen. Der Jura wird nördlich teils durch den in einer wunderbaren Schlucht fließenden Doubs begrenzt, umfasst aber auch Gebiete der Kantone Waadt, Neuenburg und Bern sowie das jüngste Mitglied der Eidgenossenschaft, den Kanton Jura mit seinem schönen Hauptort Delémont (**117/D 3**). Basler Bischöfe gründeten ihn im 13. Jh. Für Wanderer, die von hier aus in den Jura starten wollen, gibt es eine Jugendherberge *(Route de Bâle, Tel. 032/422 20 54)*.

Ihren eigenen Kanton erhielten die Jurassier erst nach jahrzehntelangen und zum Teil sogar blutigen Kämpfen gegen die kantonalbernerische Bürokratie 1974 in einer gesamtschweizerischen Volksabstimmung zugestanden. Geredet wurde und wird vom Jura nicht nur im Zusammenhang mit hoch entwickelter Uhrenindustrie, sondern auch wegen des Absinth-Branntweins, dessen (übermäßiger) Genuss zu Gesundheitsschäden führen kann und deshalb 1908 verboten wurde. Weitere Auskünfte erteilt die *Fédération du Tourisme de la République et Canton du Jura, Rue de la Gare 18, 2726 Saignelégier, Tel. 032/952 19 52.*

La Chaux-de-Fonds **(116/B 4)**
★ Die Stadt im Neuenburger Jura hat den Ruf der Schweiz als Land der Uhrenmacher begründet. Hier haben alle mal angefangen, die heute noch den Edeluhrenmarkt beherrschen: Audemars, Piguet, Breguet usw. Besichtigenswert ist deshalb auch das Uhrenmuseum: *Musée d'Horlogerie (Di–So 10 bis 12 und 14–17, im Sommer 10–17 Uhr, Rue des Musées 29)*. Das Museum zeigt mehr als 3000 (!) Schaustücke und eine informative Multivisionsschau zur Geschichte der Uhrenfertigung. 1794 wurde die Stadt bei einem Großbrand völlig zerstört und danach mit streng rechtwinkligem Straßensystem wieder aufgebaut. Sie ist auch Geburtsort des Autokonstrukteurs Chevrolet und des berühmten Architekten Le Corbusier, an den ein Lehrpfad mit zehn Gebäuden erinnert. Weitere Informationen: *Office du Tourisme, Espacité 1, Tel. 032/919 68 95*

Neuchâtel (Neuenburg) **(116/B 5)**
Hier hat die Schweizer Pünktlichkeit ihr Zentrum. In einem so genannten »Zeittresor« wird in Neuchâtel die Zeit auf den Sekundenbruchteil genau gemessen. Die Stadt, die häufig auch bei ihrem deutschen Namen Neuenburg genannt wird, liegt am größten zur Gänze auf Schweizer Gebiet befindlichen See. Besonders die Kais am Hafen lohnen einen Bummel. Dort findet man auch das moderne, aufs Wasser gebaute Hotel *Beaulac (81 Zi., Esplanade Léopold Robert 2, Tel. 032/ 723 11 11, Fax 725 60 35, €€)*. Auskunft: *Office du Tourisme, Rue de la Place d'Armes 7, Tel. 032/889 68 90, Fax 889 62 96, www.ne.ch.*

Vom Genfer See bis zum Matterhorn

Mehr Sprachen als in Genf spricht man auch bei den Vereinten Nationen nicht: Wo die Schweiz wirklich am internationalsten ist

Irgendwie hat es die Schweizer immer schon geärgert, dass die gebogene Banane des Lac Léman, des Genfer Sees, nicht gänzlich zu ihrem Staatsgebiet gehört. Wie um sich dafür zu rächen, installierten sie gegenüber der französischen Südseite, die eher dörflichen Charakter hat, das vielleicht weltläufigste Gebiet des ganzen Landes: Montreux, Lausanne und Genf werden von Touristen aus aller Welt bereist, geben sich international, tolerant, genussreich und manchmal – denkt man an das spröde Bern – geradezu verrucht ausgelassen. Und der See? Er strahlt zu jeder Tages- und Nachtzeit eine Schönheit aus, die Dichter zu Versen verführt. Dichter wie den Engländer Lord Byron, der sich zum »Sonett an den Genfer See« inspirieren ließ: »Du See der Schönheit, die Begeisterung für/ Unsterblichkeit und jene tiefe Glut,/ die selbst den Hauch des Ruhms verkörpert hier.«

Die Hotelpaläste an der Uferpromenade in Montreux bieten eine schöne Aussicht – und eine schöne Ansicht

GENF

☛ **Stadtplan auf Seite 127**

(120/B 4) Der erste Blick fällt, wie könnte es anders sein, auf den *jet d'eau,* die riesige Wasserfontäne auf dem Genfer See: 140 m schießt hier das Wasser in den Himmel. Es ist ganz so, als sollte die Fontäne ständig zeigen, wie aktiv dieses Genf (165 000 Ew.) ist. Und tatsächlich fällt der zweite Blick auf die Geschäftsleute, die den Motor Genf am Laufen halten. Dabei sind es – und das ist dann der dritte Blick – nicht nur die Manager im Nadelstreifenanzug mit dem Aktenköfferchen: Araber in ihren Djellabas, den bodenlangen weißen Gewändern, bevölkern ab und an die Seepromenade am Quai du Montblanc, als befände man sich in Dschidda oder Oman.

Genf geschäftlich – das ist zuerst einmal ein aktives Bankenwesen mit einer Effektenbörse und nahezu 70 verschiedenen Bankhäusern. Es wird durch Industrie und Handel gestützt. Die große Bedeutung Genfs im Schweizer Wirtschaftsleben unterstreichen vor Ort die Uhrenfabrikation, die Schmuckwarenherstellung, die Präzisionsapparate-, Nähmaschinen-, Motoren- und, je länger, desto weniger, die Waffenindustrie. Rau mag da das internationale Verhandlungsklima sein; das des Wetters ist es nicht. Die Nähe des Sees sorgt für Milde. Die Durchschnittstemperaturen sind während des ganzen Jahres über Null. Sogar der Januar hat noch eine Temperatur von plus 1 Grad Celsius. Und wenn es denn Schnee gibt, dann fegt er nur hauchdünn wie Puderzucker durch die Straßen. Zwei besondere Winde kennt man in Genf: den *Bise,* einen trockenen Nordost, und den *Vent,* ein warmes, föhnartiges Lüftchen. Beide sind auf den Brücken über die aus dem See abfließende Rhône besonders zu spüren.

BESICHTIGUNGEN

Bains des Pâquis

In dieser aus den Dreißigern stammenden, durch Volksabstimmung geretteten und von einem Kollektiv geführten »Badanstalt« trifft sich vom Büromenschen bis zum Freak alles, was am Superfrühstück mit »Müesli« und Marmeladenbroten seine Freude hat. Auch über Mittag werden günstige Menüs angeboten. Sonnenbaden und Schwimmen gehört natürlich auch dazu. Symbolischer Eintritt: 1 Franken! *Im Sommer je nach Wetterlage, meistens bis 20 Uhr, Quai Mont-Blanc 30, Tel. 732 29 74*

Cathédrale de St-Pierre

Die sehenswerte dreischiffige Basilika, im 12. Jh. begonnen und erst im 18. Jh. mit einer neuen Fassade vollendet, am höchsten Punkt der Altstadt, sollten Sie auch deshalb ansteuern, weil Sie von ihrem Nordturm aus einen besonders schönen Blick über Berge, See und Stadt haben. Allerdings geht der Aufstieg über 150 Stufen.

Cern

Im Europäischen Laboratorium für Teilchenphysik im Vorort

MARCO POLO TIPPS FÜR GENF, WESTSCHWEIZ UND WALLIS

1 Matterhorn
Der Berg ist das Schweizer Wahrzeichen schlechthin (Seite 53)

2 Le Montreux Palace
Der schönste der alten Hotelkästen an der »Waadtländischen Riviera« hat Blick über See und Berge (Seite 53)

3 La Grappe d'Or
Chaplins Lieblingsrestaurant liegt in der Altstadt von Lausanne (Seite 52)

4 Parc des Eaux-Vives
Mitten im schönsten Park von Genf liegt dieses ganz hervorragende Restaurant mit herrlichem Blick (Seite 50)

Meyrin sind 4000 Forscher u. a. mittels eines Teilchenbeschleunigers in einem 27 km langen Ringtunnel den Geheimnissen der Materie auf der Spur. Nur wenige wissen, dass hier die Geschichte des World Wide Web ihren Anfang genommen hat: mit dem Informationssystem nämlich, das Tim Berners-Lee 1989 ausgetüftelt hatte, um den verschiedenen fürs Cern tätigen ForscherInnen zu ermöglichen, miteinander zu kommunizieren. Nach Voranmeldung können Sie sich in dreistündigen Führungen genauer informieren lassen. *Tel. 022/7678484*

Hôtel de Ville
Im Rathaus wurde 1864 die Genfer Konvention, das erste Abkommen des Internationalen Roten Kreuzes, unterschrieben. Im Renaissance-Innenhof finden im Sommer weithin beliebte Konzerte statt. *Rue de l'Hôtel de Ville*

Palais des Nations
Der Palast der Nationen – mit seiner berühmten Planetenringkugel aus Bronze als Symbol der Völkerfreundschaft – dient heute der Uno als europäische Zentrale. *Führungen Mo–Fr 10–12 und 14–16 Uhr, Tel. 022/917 45 39, Avenue de la paix 8–14*

Quais rund um das Seebecken
Der Spaziergang vom *Parc des Eaux-Vives* am linken Seeufer über den *Pont Mont Blanc* und den gleichnamigen Quai mit seinen großartigen Hotelpalästen bis zum *Parc Mon Repos* am rechten Ufer bietet grandiose Blicke auf Stadt, Springbrunnen, die Alpen und auf den *Montblanc*, den höchsten Berg Europas.

Bronzeglobus mit den Symbolen der zwölf Tierkreiszeichen vor dem Palais des Nations

MUSEEN

Musée Barbier-Müller
Die Sammlung umfasst alte Stammeskunst sowie Skulpturen aus so genannten »primitiven« Kulturen der ganzen Welt – von Ozeanien über Afrika bis zur Zentralschweiz. Eine Trouvaille mitten in der Altstadt. *Tgl. 11–17 Uhr, Rue Jean Calvin 10*

Musée international de la Croix-Rouge et du Croissant-Rouge
Außergewöhnliche Dokumente aus der Geschichte des Roten Kreuzes – das Symbol entstand aus der Umkehrung des Schweizer Wappens – und des Roten Halbmonds, die sich in den Dienst der Menschheit gestellt haben. *Mi bis Mo 10–17 Uhr, Avenue de la Paix 17*

Musée d'Ethnographie
Es sammelt Zeugnisse fremder Kulturen aus allen fünf Erdteilen und sucht seinesgleichen in ganz Europa. *Di–So 10–17 Uhr, Boulevard Carl-Vogt 65*

RESTAURANTS

Obwohl umzingelt von Frankreich mit seiner köstlichen Küche, haben sich auch in Genf mehr als eine Handvoll Spitzenköche niedergelassen, die Umgebung am See nicht mitgerechnet, wo es in den kleinen Dörfern nur so von Schlemmeroasen wimmelt. Auch wenn Sie's eine Spur deftiger lieben, kann Ihnen geholfen werden. Probieren Sie doch mal die *saucisson vaudois,* das ist eine geräucherte Kochwurst, die meistens mit Lauchgemüse serviert wird. Oder wie wär's mit einer *croute au fromage,* der heißen Käseschnitte, von der man richtig satt werden kann? Wenn Sie ins Restaurant gehen, denken Sie in jedem Fall an eine Reservierung, denn die Genfer selber gehen gern gut und oft essen.

Armures

In diesem recht gemütlichen Hotelrestaurant bekommt man Walliser Spezialitäten, auch Raclette, wie es sein soll: vom großen Käserad des Raclette-Meisters. *Rue Puits-St-Pierre 1, Tel. 022/310 34 42, €€*

Brasserie Lipp

Hier trifft man mittags die gestylten Manager und Managerinnen. Allerdings ist das Essen auch wirklich vom Feinsten. *So geschl., Rue de la Confédération 8, Tel. 022/311 10 11, €€*

Chez Bouby

In diesem einfachen Lokal stimmt das Preis-Leistungs-Verhältnis. Die Spezialität sind Eglifilets, die hier *filet de perche* heißen. *Di geschl., Rue Grenus 1, Tel. 022/731 09 27, €*

Les Échalottes

Vis-a-vis vom Friedhof, wo Calvin ruht, treffen sich Einheimische und Kunstschaffende, um über Gott und die Welt zu debattieren und die gute Küche zu genießen. *Sa/So geschl., Rue des Rois, Tel. 022/320 59 99, €*

Aux Halles de l'Île

Bistro- und Brasseriespezialitäten in den ehemaligen Markthallen auf der Rhône-Insel. Immer freitags und samstags Jazzkonzerte. *Sa/So geschl., Place de l'Île, Tel. 022/311 52 21, €€*

Parc des Eaux-Vives

★ Man kann hier vorzüglich speisen – ja, das auch, beispielsweise ein Cassoulet von Jakobsmuscheln und Kaviar. Aber vor allem darf man sich auf ein wunderbares Ambiente freuen. Man sitzt mitten im herrlichsten Park von Genf und hat auch im Winter durch die hohen Fenster einen Blick darauf. *Mo geschl., Quai G. Ador 82, Tel. 022/735 41 40, €€€*

Valentino

Das Ausflugslokal, 6 km außerhalb des Genfer Stadtzentrums in Richtung Thonon, hat 200 Plätze und ist trotzdem fast immer ausgebucht. Voller Überraschungen ist ein großes Vorspeisenbüfett. *Mo geschl., Route de Thonon à Vésenaz 63, Tel. 022/752 14 40, €€*

EINKAUFEN

Genf ist ein Einkaufsparadies – vor allem für die potente internationale Kundschaft. Aber es sind auch schöne Kleinode zu entdecken.

Marché aux puces/Flohmarkt
International sind die Händler, umfassend das Angebot auf der großen Wiese mitten in der Stadt. *Mi und Sa, Plaine de Plainpalais*

Rues Basses
Unterhalb der so sehenswerten *Vieille Ville*, der Altstadt, schließt sich das exklusive und kosmopolitische Handels- und Einkaufsviertel an mit der *Rue du Rhône* als zentraler Achse.

Tati
Natürlich hat auch Genf seinen »Tati«: In den Häusern der Pariser Warenhauskette gibt es alles ganz billig, und wenn man den Trendforschern glauben will, gibt es nichts Schickeres, als eine Designerhose mit einem T-Shirt von Tati zu kombinieren. *Rue du Rhône 42*

ÜBERNACHTUNG

Das Angebot ist weltstädtisch. Es reicht vom Luxushotel bis zur einfachen Absteige. Bei der Hotelreservierung hilft *Geneva Tourisme (Tel. 022/909 70 20, Fax 909 70 21)*

Auberge de Jeunesse
Rue de Rothschild 28–30, Tel. 022/732 62 60, €

Cornavin
Tim & Struppi-Fans sollten keinesfalls auf einen Aufenthalt in diesem Hotel, das im Band »Der Fall Bienlein« verewigt wurde, verzichten. Die Lage am Bahnhof ist ideal. *162 Zi., Boulevard James-Fazy 33/Place Cornavin-Gare, Tel. 022/716 12 12, Fax 716 12 00, €€–€€€*

Hotel Grenil
Nahe dem Stadtzentrum. *46 Zi., Avenue Ste Clotilde 7, Tel. 022/328 30 55, Fax 321 60 10, €*

Touring-Balance
Ein Drei-Sterne-Haus mit einem prächtigen Speisesaal aus der Belle Époque. *58 Zi., Place Longemalle 13, Tel. 022/818 62 62, Fax 818 62 61, €€*

AM ABEND

In Genf kann es passieren, dass der Bankier, der Opec-Manager, die Modeschöpferin und die Nachtschwalbe gemütlich beim Nightcup nebeneinander sitzen.

Griffin's Club
Die begehrte Diskothek ist eigentlich nur Mitgliedern mit richtigem Ausweis zugänglich. Doch es gibt einen Trick: Speisen Sie vorher im dazugehörenden *Le Griffin's Café*, dann wird man nicht umhin können, Sie nach Öffnung der Nachtclubpforten auch dort einzulassen. *Ab 21 Uhr, Boulevard Helvétique 36, Tel. 022/735 12 18*

L'Usine
Im Genfer Kulturzentrum ist immer etwas los: Konzerte, Theater, Off-Kino und die unglaublichsten Tanz-Happenings. Ein beliebter Treffpunkt ist aber auch das Restaurant *Débido* im 1. Stock. *Place des Volontaires 4, Tel. 022/328 08 18*

AUSKUNFT

Geneva Tourism
Route de l'Aéroport 10, 1216 Cointrin, Tel. 022/909 70 00, Fax 909 70 11, www.geneva-tourism.ch

Skipause auf dem Gornergrat bei Zermatt vor der Kulisse des Matterhorns

ZIELE IN DER UMGEBUNG

Lausanne **(120/C 3)**
Die Hauptstadt (128 000 Ew.) des Waadtlands hat einen zentralen Platz, auf dem sich alles trifft, zumal die Jugend, die das Stadtbild deutlich prägt: ✝ *la Place St-François.* Mitten in der größtenteils autofreien Altstadt ist er Zentrum des Geschäftslebens, aber auch Flaniermeile mit zahlreichen Straßencafés. Über dem Platz erhebt sich die *Kirche St-François,* Überrest eines Franziskanerklosters aus dem Jahr 1258. Der sehenswertere Sakralbau ist die *Cathédrale Notre-Dame,* die man über die überdachten Markttreppen zu Fuß erreicht. In dem Bau, dessen Grundstein schon 1173 gelegt wurde, ist im südlichen Querschiff besonders die *Fensterrose* sehenswert, die aus dem 13. Jh. stammt und sogar die Revolutionswirren überstanden hat. Lausanne blickt von einem Hügel auf den Genfer See hinunter. Deshalb muss man hinuntersteigen nach *Lausanne-Ouchy,* um an die Uferpromenade zu gelangen. Man kann die Métro nehmen, die übrigens die einzige in der ganzen Schweiz und eigentlich doch nur eine gemütliche Zahnradbahn unter der Erde ist. Sie braucht sechs Minuten. Ouchy ist ein gemütlicher, kleiner Ort zum Bummeln. Man blickt auf Segelboote und die Savoyer Alpen. Und es geht irgendwie sehr südländisch zu. Einen Hauch Asien lässt Peter Baermann in seinem Altstadtlokal ★ *La Grappe d'Or (Cheneau de Bourg 3, Tel. 021/323 07 60, €€€)* durch die Küche wehen. Über mangelnden Zuspruch braucht der Patron sich nicht zu beschweren (reservieren!) – auch von prominenter Seite nicht: Dem verstorbenen Charlie Chaplin war die *Grappe d'Or* Lieblingsrestaurant. Wer's preiswerter mag, geht in das vorzügliche *Bahnhofsbüfett,* und zwar in das der 1. Klasse. Dort gibt es ein ganzes Menü mit Wein schon

unter 30 Franken. *(Tel. 021/ 311 49 00, €).* Selbstverständlich gibt es auf jeder Weinkarte des Gasthauses auch Waadtländer Weißweine, die zu den besten der Schweiz gehören. Lausanne ist nämlich auf beiden Seiten von Weinbergen umgeben, von den Lavaux- und Chablais-Lagen im Osten, von La Côte im Westen. Auf einer so genannten *route du vignoble* kann man durch zahlreiche Weindörfer wandern und zwischen März und Mitte Dez. auch in den Kellereien den Wein probieren. Auch über die Weinroute gibt *Lausanne Tourisme (Ave. de Rhodanie 2, Tel. 021/613 73 73, www.lausanne-tourisme.ch)* Auskunft.

Montreux (121/D 3)
Es weht noch ein Hauch Fin de Siècle durch die Stadt. Die Wende zum 20. Jh. scheint in Montreux (20 000 Ew.) wieder lebendig zu werden, wenn man die Hotelpaläste an der Uferpromenade in diesem Teil des »Waadtländische Riviera« genannten Seeufers betrachtet. Der schönste von allen alten Kästen ist das ★ *Le Montreux Palace (Grand-Rue 100, Tel. 021/962 12 12, Fax 962 17 17, €€€).* Von den Zimmern ist der Blick auf den See und die Berge wunderschön. Ein weiter Park lädt zum Lustwandeln ein. Die *Jugendherberge* befindet sich in *Montreux-Terriet (Passage de l'Auberge 8, Tel. 021/ 963 49 34, Fax 963 27 29).* Einmal im Jahr ist sie überfüllt, wenn wegen des Internationalen Jazzfestivals Europas Jugend nach Montreux strömt *(www.montreux jazz.com).* Die Großen des Jazz drängen sich, am Festival teilnehmen zu können. Deshalb wurde es zu einem der wichtigsten der Welt. Auskunft: *Office de Tourisme (Rue de Théâtre 5, Tel. 021/962 84 84, Fax 963 81 13).*

Saas-Fee (122/C 5)
Beliebte Walliser Skiorte sind *Saas-Fee* und *Saas-Almagell.* Es gibt insgesamt 80 km präparierte Pisten. Der höchste Punkt ist mit 3500 m der *Mittelallalin,* den man mit einer Art U-Bahn erreicht. Auskunft: *Verkehrsbüro, Tel. 027/ 958 18 58*

Wallis (121/D 4–6, 122/C 4–5)
Der drittgrößte Kanton der Schweiz besteht aus dem tief zwischen die Viertausender eingeschnittenen oberen Rhône-Tal mit fast mediterranem Klima. Knapp 40 Prozent der Weinanbaufläche entfallen auf den zweisprachigen Kanton, dessen Einwohner als eigensinnig gelten und die alle Nichtwalliser als »Außer-Schweizer« bezeichnen. Informationen: *www. wallis.ch.*

Zermatt (122/B 5)
Dominierend ist das 4478 m hohe ★ *Matterhorn,* Traumziel aller Alpinisten. Nach Zermatt kommt man nur mit der Bahn. Im Winter gibt es 150 km präparierte Skipisten. Sommerski ist auf dem *Plateau Rosa* am Kleinen Matterhorn möglich. Den schönsten Blick auf das Matterhorn und das gesamte Hochgebirgspanorama hat man vom 3138 m hohen *Gornergrat,* auf den eine Zahnradbahn fährt. Den Matterhorn-Blick quasi auf der Speisekarte haben die knapp 30 Bergrestaurants, von denen das *Ritty (Tel. 027/967 14 82, €€)* den allerschönsten bietet. Auskunft: *Verkehrsbüro, Tel. 027/967 01 81*

ALBERGO ELVEZ

Die Sonnenstube der Schweiz

Der italienische Zipfel zwischen Locarno und Luganer See ist immer noch der Platz für bunte Träume in lauer Luft

Manche schwören darauf, dass es morgens im Tessin am schönsten ist. Wenn der Nebel aus den Tälern und Seeniederungen fortzieht, wird zumindest erstmals am Tag deutlich sichtbar, wie herrlich und schön dieser südliche Kanton der Schweiz ist. Das oder, wie die einige Schweizer sagen, der Tessin (italienisch: il Ticino) hat sich trotz des vergleichsweise hohen Touristenaufkommens in vielen Ecken Eigentümlichkeit bewahrt. Und vor allem Schönheit. Im Dreieck zwischen Locarno im Norden des Lago Maggiore, der Kantonshauptstadt Bellinzona und dem Tessiner Finanzplatz Lugano fühlen sich längst auch viele Zugereiste dauerhaft wohl. Immer mehr hört man im südlichsten Schweizer Kanton neben Italienisch und dem Tessiner Dialekt auch Schweizerdeutsch, Deutsch, Französisch und Englisch. Wer ein paar Wörter Italienisch spricht, kommt bei den Einheimischen allerdings besser an. Ausführliche Informationen finden Sie im Internet unter *www.tourism-ticino.ch* und im MARCO POLO Führer »Tessin«.

Ascona: einst malerisches Fischerdorf, heute ein beliebter Ferienort

LUGANO

☛ **Stadtplan auf Seite 128**

(124/A 5) Diesen besonders sonnenreichen Ort Europas (fast 2300 Sonnenstunden pro Jahr) bezeichnen nicht wenige überschwänglich als das »helvetische Arkadien«. Bei lauen Winden vom See her und milden Temperaturen ist die Stadt ein idealer Luftkurort. Für das Klima ist der Luganer See (italienisch: Ceresio) verantwortlich. Er wirkt wie ein Wärmereservoir. Das hat Folgen – nämlich Touristenmassen. Trotzdem kommt nie das Gefühl von Hektik auf.

BESICHTIGUNGEN

Altstadt (Centro)
Im teilweise autofreien Zentrum mit seinen schmalen Gassen, die von Arkaden gesäumt werden, hat man ein Gefühl von hochsympathischer Lebensart. Lugano ließ frühe Reisende im 19. Jh. schon begeistert schreiben, dass es ein »niedliches Kleinbild

MARCO POLO TIPPS FÜR LUGANO UND DAS TESSIN

1 **Romantik-Hotel Ticino**
Gastronomie und Kultur in geschichtsträchtigem Gemäuer mitten in Lugano (Seite 57)

2 **Al Fagiano**
Schlemmen mit Nachschlag in Ascona (Seite 57)

3 **Museo doganale**
Im Museum in Gandria den Schmugglern auf die Finger schauen (Seite 58)

4 **Melide**
Im »Swissminiatur« schrumpft die Schweiz auf Spielzeuggröße (Seite 59)

5 **Valle Onsernone**
Ein Besuch im unbekanntesten Tal des Tessins lohnt sich (Seite 59)

6 **Castello Montebello**
Von der Burg aus dem 13. Jh. schweift der Blick über Bellinzona (Seite 58)

von Neapel« sei. Die belebten Arkadengassen heißen *Via Nassa* und *Via Pessina.*

Parco Civico
Der schattige Stadtpark liegt östlich der Altstadt. Man findet unter schönen Bäumen sogar zur besten Reisezeit Ruhe.

Piazza della Riforma
Der Platz weist ein schönes Gebäudeensemble auf. Im Zentrum befindet sich das *Rathaus* (Municipio) aus dem Jahr 1845. Im Innern sind Gemälde, Skulpturen und Fresken zu sehen. Im Innenhof steht eine *Spartakus-Statue* (1848) von Vela. Unweit des Rathauses die drei historischen *Palazzi Riva,* repräsentative Barockbauten des 18. Jhs.

San Lorenzo
An der Kathedrale beeindruckt die Fassade aus dem frühen 16. Jh. Sie gilt als bedeutendes Werk der Frührenaissance im Tessin. *Tagsüber zur Andacht geöffnet*

RESTAURANTS

Die Tessiner Küche ist der italienischen sehr nahe. Den *risotto con luganighe* (mit Würstchen) sollten Sie sich nicht entgehen lassen. Eine Besonderheit sind die *grotti ticinesi.* Einst nur gut durchlüftete Felsenkeller zur Lagerung von Wein und Käse, sind die Tessiner *grotti* heute kleine Gasthäuser, in denen man gut essen kann. Um sie zu finden, müssen Sie die Einheimischen fragen. Weine der Gegend sind der samtig-weiche rote *Merlot del Ticino,* der leichte *Merlot rosato del Ticino* und der *Nostrano,* ein junger, frischer Rotwein.

Il bottegone del vino
Hier lassen sich in familiärer Atmosphäre exzellente Weine degustieren. Auch die Küche ist vorzüglich. *So geschl., Via Bagatti, Tel. 091/922 76 89, €€*

Al Portone
Küchenchef Roberto Galizzi kocht leicht, aber mit beson-

derem Pfiff. Tagesfrisches vom Luganeser Markt. Beispiel: Felchenfilet in Zitronensoße. *Di bis Sa 12–14.30 und 17.30–21.30 Uhr, Viale Cassarate 3, Tel. 091/ 923 55 11, €€–€€€*

Santabbondio
Besternte Küche, schöne Lage in Sorengo (bei Lugano). Spezialität: Tomatenparfait mit Hummer. *Sa mittags, So und Mo abends geschl., Via Fomelino 10. Tel. 091/ 993 23 88, €€€*

ÜBERNACHTUNG

Flora
Familiär geführtes Haus mit Garten im Ortsteil Paradiso. *45 Zi., Via Geretta 16, Tel. 091/994 16 71, Fax 994 27 38, €*

Jugendherberge
Eine Jugendherberge, die selten ausgebucht ist, gibt es in *Crocifisso* bei Lugano. *Via cantonale 13, Tel. 091/966 72 72, Fax 966 12 13*

Romantik-Hotel Ticino
★ Hotel mit viel Charme in historischem Haus im Herzen von Lugano nahe der herrlichen Seepromenade. *25 Zi., Piazza Cioccaro 1, Tel. 091/922 77 72, Fax 923 62 78, €€€*

Villa Castagnola
Eine der besten Adressen mit einem Restaurant, das zu den besten (und teuersten) gehört. *100 Zi., Viale Castagnola 31, Tel. 091/ 971 22 13, Fax 972 72 71, €€€*

AM ABEND

Für Tanzlustige zwei Adressen: die Diskos *Prince (Via Stauffacher 1)* und *Morandi (Via Trevano).*

Erholung am Luganer See

AUSKUNFT

Lugano turismo
Im Sommer Mo–Fr 9–18.30, Sa 9–12 Uhr (Juli/Aug. Sa 9–12.30 und 13.30–17 Uhr), So 10–14 Uhr; im Winter Mo–Fr 9–12.30 und 13.30–17.30 Uhr, Riva Albertolli 5, Tel. 091/921 46 64, Fax 922 76 53

ZIELE IN DER UMGEBUNG

Ascona **(124/A 5)**
Das einstige Fischerdorf ist sehenswert wegen seines verwinkelten *Centro storico,* der Altstadt. Sie beginnt gleich hinter der Uferpromenade mit ihren vielen Straßencafés. Und es gibt ein begeisterndes Restaurant: ★ ❂ *Al Fagiano (Zona Delta, Via Locarno, Tel. 091/792 17 17, €€).* Ciro Galizia kocht wunderbare Regionalküche. Außerdem werden die Gäste mit großen Portionen verwöhnt. Wer dennoch nicht satt geworden ist, kann sogar einen Nachschlag bekommen. Auch

die *Hosteria S. Pietro/da Gino (Mo geschl., Contrada maggiore 6, Tel. 091/ 791 39 76, €€)* ist dank ihrer ausgezeichneten italienischen Küche einen Besuch wert. Einige Berühmtheit erlangte der Berg oberhalb Asconas: der *Monte Verità*. Um die Wende zum 20. Jh. wurde er zum mystischen Mittelpunkt Europas, als sich dort Anarchisten, Esoteriker und Naturburschen zu Debatten und Happenings trafen.

Bellinzona **(124/B 4)**
Über der Hauptstadt des Kantons thronen drei Burgen. Das ★ *Castello Montebello* aus dem 13. Jh. gilt als eine der schönsten Burgen des Landes und beherbergt das *Museo civico* mit regionalen archäologischen Funden. Auf das noch ältere *Castelgrande* führt von der Piazza del Sole ein Lift. Das Castelgrande wird im Sommer als Bühne für Opern- und Kinovorführungen genutzt. Auch ein Halt im Burgrestaurant *Castelgrande (Mo geschl., Salita al Castelgrande, Tel. 091/826 23 53, €€)* ist zu empfehlen. Ein wahres Kleinod ist das renovierte *Teatro sociale*, wo Theater, Tanz und Musik geboten werden. Lohnend ist der *Markt* am Samstagvormittag. Er ist der größte des Kantons, und man bekommt neben Kunsthandwerk auch feine Tessiner Spezialitäten.

Gandria **(124/B 5)**
Am besten, man kommt übers Wasser und wird mit dem malerischen Bild belohnt, das dieses an den Fels gekuschelte Fischerdorf bietet. Im Ort mit seinen verwinkelten Gassen sind kleine Souvenirläden und nette Kneipen zu finden. Und am Seeufer gegenüber: ★ das *Museo doganale*, ein Zollmuseum, in dem Schmuggeltricks und andere Zeugnisse krimineller Grenzgängerei dokumentiert sind *(Mitte April–Mitte Okt. tgl. 13.30–17.30 Uhr, Eintritt frei, erreichbar nur per Schiff!)*

Modellanlage »Swissminiatur«

Locarno **(124/A 4)**
Die *Piazza Grande* mit ihren Arkadengängen und unzähligen Straßencafés ist nicht nur während des sommerlichen *Filmfestivals* einen Besuch wert. Dann allerdings unbedingt, denn wo sonst kann man in solcher Atmosphäre und unter freiem Himmel die besten Filme genießen? In der dahinter liegenden Altstadt findet man das beste Fischrestaurant der Stadt: *Cittadella (Mo und Di mittags geschl., Via Cittadella 18, Tel. 091/751 58 85, €€€)*. Ein Gourmettempel ist das *Centenario* von Gérard Perriard *(Lungolago Motta 17, Muralto, Tel. 091/ 743 82 22, €€€)*. Originelle vegetarische Küche bietet das *Il Boccalino (So/Mo geschl., Via della Motta 7, Tel. 091/751 96 81, €€)*. Wer Lust auf Musikbars hat: Die Jungen treffen sich in der ☺ *Bar Sport (Via della posta)*, der ☺ *Bar Simba (Lungolago Motta 3a)* oder der ☺ *Bar Lungolago (Via Bramantino 1)*, wo auch die besten Pizzas zu haben sind.

Ein schönes Hotel ist das *Navegna* am See mit eigenem Bootssteg *(20 Zi., Tel. 091/743 22 22, Fax 743 31 50, €€)*. Zum Übernachten gibt es neben den Luxushotels die *Jugendherberge (L'ostello per la gioventù, Via Varenna 18)*, wo auch der Sitz der Accademia Ticinese di Musica Moderna und des Radiosenders RFT ist. Und weil sie so schön ist, unbedingt reservieren *(Tel. 091/756 15 00)*. Auskunft: *Ente Turistico Lago Maggiore, Via Zorzi 1, Tel. 091/791 00 91, www.lagomaggiore.org*

Melide **(124/A 6)**

★ Die Attraktion des Orts ist »Swissminiatur«. Die Modellanlage zeigt Sehenswürdigkeiten der Schweiz in 25-facher Verkleinerung. *Mitte März–Ende Okt. 9–18 Uhr, Tel. 091/640 10 60*

Mendrisio **(124/A 6)**

»Il magnifico borgo« – das wunderschöne Dorf – wird Mendrisio genannt. So erstaunt es nicht, dass sich die Accademia di Architettura, wo Stars wie Mario Botta oder Peter Zumthor lehren, gerade hier befindet. Die alljährlich stattfindenden Osterprozessionen sind ein wichtiger Bestandteil des kulturellen Lebens. Dies gilt für die vielen *grotti*.

Valle Onsernone **(123/E 4-5)**

★ Dieses abgelegene Tal ist eine steile, tiefe Schlucht. Es zeigt die andere, schroffe Seite des Tessins. Manche Häuser können nur mit Gondel angefahren, manche Höfe nur per Hubschrauber bedient werden. Aber ein Postbus fährt, und es gibt in Comologno die *Osteria Palazign, Tel. 091/797 20 68, €€*, für die Wegzehrung. Man erreicht das Tal, von dem Max Frisch einmal gesagt hat, es sei das einzige Schweizer Tal »ohne Baedekers Stern«, von Locarno in Richtung Norden über Tegna und die Abzweigung bei Cavigliano.

Gandria klebt am Berg – die Anreise per Schiff macht da besonderen Eindruck

Am Vierwaldstätter See und hinauf in die Berge

In den Urkantonen und im Bergkanton Graubünden begreift man die strahlende Schönheit der schweizerischen Alpenwelt

Man nennt ihn den »lächelnden See« – und keiner weiß genau zu sagen, ob damit ein Glitzern im Vierwaldstätter See oder doch das verträumte Lächeln der Zufriedenheit gemeint ist, das nahezu jedem Besucher aus den Augen strahlt, der an diese – wie Johann Wolfgang Goethe es nannte – »Großtat der Natur« herantritt. Am Vierwaldstätter See – spätestens – beginnt die Schweiz schmerzlich schön zu werden. Hier liegt, nicht wegen des so genannten Rütlischwurs der drei Urkantone und schon gar nicht wegen der historisch nicht belegten und von einem Herrn namens Schiller ziemlich aufgebauschten Sache mit Wilhelm Tell, nein, hier schlägt aus ganz natürlichen Gründen das Herz der Schweiz: Die Schönheit der Natur prägt sich einem für immer ein. Und weil Luzern, die Stadt des guten Klangs (nicht nur wegen der jährlichen Internationalen Musikfestwochen im September), am westlichen Ende des Vierwaldstätter Sees prunkt, stellen wir diese lebendige und pulsierende Stadt der Darstellung einer Region voran, die wir bis an die österreichische Grenze im Osten fassen wollen, also bis hinauf ins Engadin.

Das Engadin ist berühmt für seine herbstliche Farbenpracht und das gleißende Sonnenlicht

LUZERN

☛ **Stadtplan auf Seite 129**

(118/A 4–5) Wer mit der Eisenbahn anreist, hat ihn umgehend, diesen wunderbaren Blick über den Vierwaldstätter See. Die Bahnhofshalle (ein Meisterwerk des spanischen Stararchitekten Calatrava) im Rücken, geht der Ankommende auf die Seebrücke und die Altstadt Luzerns direkt zu. Nur wenige Schritte vom Bahnhof, direkt am See, befindet sich der faszinierende Bau des Kongress- und Kulturzentrums Luzern. Die Tourist Information veranstaltet einen engagierten

»Stadtbummel«, auf dem die jahrhundertealte Luzerner Geschichte lebendig wird. *Die fachkundige Führung findet Mitte Mai bis Okt. tgl. (auch an Feiertagen) um 9.45 Uhr statt, im Winter nur Mi und Sa.* Treffpunkt für den Spaziergang ist die *Tourist Information* in der *Frankengasse 1.* Der Spaziergang dauert zwei Stunden und kostet 32 Franken, in denen ein Getränk in einer der urigen Luzerner Kneipen enthalten ist – von denen es viele gibt.

BESICHTIGUNGEN

Gletschergarten

Ganz in der Nähe des *Löwenplatzes* legten Archäologen gegen Ende des 19. Jhs. 32 so genannte Gletschermühlen frei. Sie entstehen, wenn Schmelzwasser beim Hinabfließen in Gletscherhöhlen hartes Felsgestein mit sich reißt und dieses dann, vom Strudel herumgewirbelt, den Sandstein aushöhlt. Im anschließenden Museum wird das Ganze neben urgeschichtlichen Funden ausführlich, aber allgemein verständlich dargestellt. *April–Okt. tgl. 9–18, Nov.–Feb. Di–So 10–17, März tgl. 10–17 Uhr*

Hofkirche

Den besten Blick auf die *Stadt- und Stiftskirche St. Leodegar und Mauritius* hat man vom Schwanenplatz aus. Nach einem Brand im Jahr 1633 wurde sie im Stil der Spätrenaissance wieder aufgebaut. Während der Sommermonate, besonders zu den traditionellen Musikfestwochen im September, finden an der berühmten Orgel von Johann Geissler Konzerte statt.

MARCO POLO TIPPS FÜR LUZERN, ZENTRALSCHWEIZ UND GRAUBÜNDEN

1 Verkehrshaus Luzern
Das schönste Verkehrsmuseum Europas erstaunt nicht nur Kinder (Seite 64)

2 Parpan
An der Straße nach Chur trocknen die Bündner ihr so wohlschmeckendes Fleisch (Seite 69)

3 Davos
Auf den Spuren eines der ganz großen Maler dieser Welt: Ernst Ludwig Kirchner ist am »Zauberberg« gegenwärtig (Seite 67)

4 Rigi
Wunderbarer Rundblick auf die Alpen wie auf das Mittelland (Seite 68)

5 Via Mala
Die Schlucht hat ihr einstiges Entsetzen verloren und eine atemberaubende Schönheit gewonnen (Seite 71)

6 Engadin
Ein Hochtal von außerordentlicher Schönheit, besonders im Herbst mit all seinen gelben Lärchen (Seite 69)

Luzern am Vierwaldstätter See mit der wieder aufgebauten Kapellbrücke

Kapellbrücke
Sie ist das Wahrzeichen Luzerns. Einst gebaut, um die Stadt gegen Angriffe von der Seeseite zu schützen, hat sie nach dem Brand (1993) und ihrem Neubau im Grunde keinen historischen Wert mehr. Am besten von der *Bahnhofstraße* zu erreichen.

Kongress- und Kulturzentrum
Ein Meisterwerk des französischen Stararchitekten Jean Nouvel. Ob Sie in der Seebar oder auf der Terrasse die Sicht genießen oder einfach die Räume auf sich wirken lassen – in jedem Fall ein Erlebnis. Die tolle Akustik im Konzertsaal beschert zudem reinsten Hörgenuss. *Europaplatz 1, www.kkl-luzern.ch*

Löwendenkmal
Im Park neben dem *Löwenplatz* treffen sich im Sommer die Menschen. Das Monument erinnert an die Schweizer, die 1792 während der Französischen Revolution in Paris gefallen sind.

Museggmauer
Sie zog sich früher als mächtiger Festungsring um die ganze Stadt. Heute sind immerhin noch acht Türme in der Nähe der überdachten *Spreuerbrücke* erhalten.

MUSEEN

Bourbaki-Panorama
In einem eigens erstellten Stahlbau ist das größte Rundgemälde der Welt mit 1100 m² Fläche zu bestaunen: Es zeigt den Übertritt der französischen Ostarmee unter General Bourbaki in die Schweiz und deren Internierung während des Deutsch-Französischen Kriegs 1870/71. *Tgl. 9–18 Uhr, Löwenplatz 11*

Picasso-Museum/Haus Am Rhyn
Die bedeutende Stiftungssammlung der Luzerner Kunsthändlerfamilie Rosengart zeigt Werke Picassos und Fotos zu seinem Leben. *April–Okt. tgl. 10–18, Nov. bis März 11–13, 14–16 Uhr, Eingang Furrengasse, neben dem Rathaus*

Richard-Wagner-Museum
Hier, am früheren Wohnsitz des tongewaltigen Komponisten, gibt es neben einem detaillierten Überblick über sein Leben und Werk eine Sammlung kostbarer alter Musikinstrumente zu sehen. *15. März–30. Nov. Di–So 10–12 und 14–17 Uhr, Richard-Wagner-Weg 15*

Verkehrshaus
★ Das größte und vielseitigste Verkehrsmuseum Europas präsentiert die historische und technische Entwicklung der verschiedenen Verkehrsmittel bis hin zur Raumfahrt. Der Schwerpunkt liegt auf den Errungenschaften, die den Verkehr im 19. und 20. Jh. verändert haben. Attraktionen sind das Planetarium und das Imax, ein Filmtheater-Rundgebäude mit einer 360-Grad-Projektion der Schweiz und vielen anderen spannenden Filmen und Ansichten. *April–Okt. tgl. 9–18, Nov. bis März 10–17 Uhr, Lidostr. 5*

RESTAURANTS

Brasserie Bodu
Wer auf ausgezeichnete französische Küche steht und diese auch noch in schönem Ambiente genießen möchte, ist hier auf jeden Fall gut aufgehoben. *Tgl. 9–0.30 Uhr, Kornmarkt 5, Tel. 041/410 01 77,* €€

Château Gütsch
Hoch über der Stadt thront das Schlösschen mit seinem gepflegten Hotel und einem ebenso erlesenen Feinschmeckerrestaurant. Von der Altstadt führt eine kleine Standseilbahn hinauf. *Kanonenstraße, Tel. 041/249 41 00,* €€€

Locanda Ticinese
Das schön renovierte Lokal wartet mit Tessiner Spezialitäten auf. Im Sommer ist die Terrasse, das so genannte »Vögelisgärtli«, sehr beliebt. *So geschl., Murbachstr. 4, Tel. 041/228 90 50,* €€

Rotes Gatter
Das beliebte Gourmetrestaurant im *Hotel Des Balances* besuchen die Luzerner, wenn sie Grund zum Feiern oder auch einfach nur, wenn sie Lust auf ausgelassene Geselligkeit haben. Auf der Terrasse des Altbaus im Herzen der Stadt sitzt man gleichsam über der aus dem Vierwaldstättersee abfließenden Reuss. Schicke Pianobar. *Metzgerrainle 7, Tel. 041/410 30 10,* €€–€€€

Rütli
In diesem Gasthaus serviert man urig-bodenständige Schweizer Menüs zu angemessenen Preisen. *So nur bis 22 Uhr, Rütligasse 4, Tel. 041/ 240 41 61,* €€

Stadtkeller
Für die, die's mögen: Hier wird zu Lunch und Dinner Schweizer Folklore geboten: Kuhglocken schellen, und Alphörner tönen *mittags ab 12.15, abends ab 20.45 Uhr (nur im Sommer).* Im Winterhalbjahr stehen ab 20.30 Uhr Rock-, Pop- oder Jazzkonzerte auf dem Programm. Zu speisen gibt es ordentliche Schweizer Kost. *Sternenplatz 3, Tel. 041/ 410 47 33,* €€

Taube
In den heimeligen Stuben gibt es schmackhafte Luzerner Spezialitäten. *So-Mittag geschl., Burgerstr. 3, Tel. 041/ 210 07 47,* €€

EINKAUFEN

Neben ziemlich viel auffälligem Andenkenkitsch in den Souvenirshops und den ebenso unvermeidlichen Schweizer Uhren aller Preisklassen bei den Juwelieren sind eigentlich nur zwei Märkte zu empfehlen: der *Blumen- und Gemüsemarkt* an beiden Ufern der Reuss *Di und Sa von 7 bis 12 Uhr sowie am ersten Sa im Monat von 8 bis 12 Uhr* der *Handwerkermarkt* auf dem *Weinmarkt.*

ÜBERNACHTUNG

Alpina
Zentrales Hotel, in dem man gut und obendrein auch preiswert übernachten kann. *33 Zi., Frankenstr. 6, Tel. 041/210 00 77, Fax 210 89 44, €€*

Des Balances
Das renovierte Altstadthaus hat stilvoll eingerichtete Zimmer und eine sehr schöne Aussicht auf die Reuss und die Kapellbrücke. Es gibt eine gute *Pianobar* und ein Restaurant mit marktfrischer Schweizer Küche. *57 Zi., Metzgerrainle 7, Tel. 041/410 30 10, Fax 410 64 51, www.balances.ch,* €€€

Camping
Ein internationaler Campingplatz befindet sich beim *Verkehrshaus am Lido (Lidostr. 19, Tel. 041/370 21 46).*

Jugendherberge
Das Haus *Am Rotsee* ist eine der schönsten Jugendherbergen der ganzen Schweiz. *Auskünfte werden nur von 7 bis 10 und 17 bis 22 Uhr erteilt, Sedelstr. 12, Tel. 041/420 88 00, Fax 420 56 16*

Palace
Das Traditionshaus liegt zauberhaft an der Seepromenade. Es gehört zur Kette »The Leading Hotels of the World«. *174 Zi., Haldenstr. 10, Tel. 041/410 16 16, Fax 416 10 00, www.palace-luzern.ch,* €€€

Mr. Pickwick
Eines der preisgünstigsten Hotels der Stadt, zentral gelegen. *41 Zi., Rathausquai 6, Tel. 041/410 59 27, Fax 410 51 08,* €

Seehotel Vitznauerhof
Ein Juwel aus der Belle Époque ist das frisch renovierte und ganzjährig geöffnete Haus. Es lohnt sich die halbe Autostunde von Luzern und erst recht die Schiffahrt. Der Sonntagsbrunch sucht seinesgleichen. Außerdem ist Vitznau der Ausgangspunkt für eine Fahrt mit der Zahnradbahn auf die Rigi. *50 Zi., Seestr., Vitznau, Tel. 041/399 77 77, Fax 399 76 66,* €€

SPIEL UND SPORT

Rudern hat Luzern in aller Welt bekannt gemacht. Die Rotsee-Regatta ist fester Bestandteil des internationalen Wettbewerbsprogramms. Wer selber rudern möchte, kann sich beim *See-Club (Tel. 041/360 55 05)* oder beim *Regattaverein (Tel. 041/420 53 53)* informieren. Einen *18-Loch-Golfplatz* gibt es am *Dietschiberg (Tel. 041/420 97 87).*

AM ABEND

Zu den wichtigsten Abendveranstaltungen des Jahres in Luzern gehören die Konzerte anlässlich der Internationalen Musikfestwochen. Über Programm und Preise informiert der *Zentrale Verkaufsdienst, Postfach, 6002 Luzern, Tel. 041/210 35 62*

AUSKUNFT

Verkehrsbüro
Mo–Fr 8.30–12 und 14–18, im Sommer durchgehend sowie Sa 9–13 und 14–17 Uhr, Zentralstr. 5, am Hauptbahnhof, Tel. 041/ 227 17 17

Verkehrsbüro Zentralschweiz
Alpenstr. 1, www.centralswitzerland.ch, Info-Telefon: 157 120 140

ZIELE IN DER REGION

Andermatt **(123/E 2)**
Das »Schneeloch« der Schweiz ist ein traditionell viel besuchter Wintersportort. Das Rathaus, das nach dem großen Dorfbrand von 1767 unter Verwendung aller noch brauchbaren allen Teile wieder aufgebaut wurde, beherbergt heute die Verwaltung der Korporation Urseren. Das ist sozusagen die Nachfolgeorganisation der einstigen alten Talgemeinde, die sich erst spät mit dem Tal Uri verband. Andermatt liegt im Herzen der Schweizer Alpen, ist nach Osten über den Oberalppass mit Graubünden verbunden, nach Westen über den Furkapass mit dem Wallis. Der Glacierexpress fährt über beide und legt im Bahnhof Andermatt einen längeren Halt ein.

Bürgenstock **(118/A 5)**
Der vornehme Luftkurort ganz in der Nähe Luzerns gewann an Bedeutung nach der Eröffnung der Seilbahn von Kehrsiten im Jahr 1889. Dank Park, Grand und Palace Hotel bekam der aus dem Vierwaldstätter See aufragende Bürgenstock schnell mondänen Zulauf. Man hat eine herrliche Weitsicht. Und es gibt einen *9-Loch-Golfplatz (Tel. 041/ 610 24 34)*. Neben dem *Palace Hotel* befindet sich eine neugotische Kapelle aus dem Jahr 1897. Ein Club mit Freiluftschwimmbad und exotischer Bepflanzung genügt höchsten Ansprüchen. Eine 6 km lange, kurvenreiche Straße führt von Stansstad hinauf.

Chur **(119/E 5-6)**
Die Drehscheibe Graubündens erleidet das Schicksal, auf der Fahrt in die großen Wintersportgebiete von *Davos/Klosters,*

Tells Geschoss

Selbst die Schweizer geben zu, dass es historisch nicht verbürgt ist, das Geschehen um den Landvogt Geßler, die hohle Gasse, Wilhelm Tell, die Armbrust und den Sohn mit dem Apfel auf dem Kopf. Ein Schweizer Historiker namens Aegidius Tschudi verband im 16. Jh. beim Aufschreiben des Unabhängigkeitskampfs der Schweizer Anfang des 14. Jhs. Geschichte und Legende farbenfroh miteinander. Aus diesem von der Forschung ins Reich der Phantasie verbannten Geschichtsbuch bediente sich der deutsche Dramatiker Friedrich Schiller für sein Freiheitsdrama. Und was sagt Schillers »Wilhelm Tell« zum Historikerstreit? »Wer gar zu viel bedenkt, wird wenig leisten« – längst ein geflügeltes Wort.

St.Moritz/Silvaplana und *Lenzerheide/Valbella* übersehen zu werden. Immerhin ist Chur (34 000 Ew.) die älteste nachgewiesene Siedlung der Schweiz, die bis auf 2500 v. Chr. in die Jungsteinzeit zurückgeht. Deshalb birgt die Stadt für historisch Interessierte auch Schätze, die in viele Epochen zurückgehen. So findet sich im *Domschatz (nur nach Voranmeldung, Tel. 081/252 92 50)* ein römisches Arzneikästchen aus dem 4. Jh. n. Chr. Im Norden der Altstadt gibt es ein *Kunstmuseum* mit Exponaten bedeutender Graubündner Künstler wie Alberto Giacometti *(Di–So 10–12 und 14–17 Uhr, Postplatz).* Hotel, Restaurant, Weinstube, Konzertlokal und gemütlicher Treffpunkt der jungen Einheimischen ist das *Drei Könige, 38 Zi., Reichsgasse 18, Tel. 081/252 17 25, Fax 252 17 26, €.*

Davos **(119/F 6)**

★ Es gibt solche, die behaupten, dass Davos zwar nicht der schönste, aber einer der besten Wintersportorte der Schweiz sei. Daneben gibt es wieder andere, die schwören, dass Davos sommers wie winters unbedingt einen Urlaub wert sei. Zu Letzteren gehören nicht nur diejenigen, die hier in der trockenen, gesunden Bergluft (natürlich mit Thomas Manns Roman »Zauberberg« im Koffer) ein Lungenleiden heilen wollen. Zu den Davos-Freunden gehören vielmehr auch jene, die mit einem Kunstbildband unter dem Arm auf den Spuren Ernst Ludwig Kirchners wandeln wollen. Der große Expressionist schuf hier einige seiner herausragenden, heute in der ganzen Welt bewunderten Gemälde. Anschauliche Dokumente über das Leben des in Davos auch beerdigten Malers findet man im *Kirchner-Museum (15. Juli–30. Sept. sowie Weihnachten bis Ostern tgl. 10–18, sonst tgl. 14–18 Uhr, Ernst-Ludwig-Kirchner-Platz, Tel. 081/413 22 02).* Aus der Fülle der Restaurants vor Ort sei eines herausgegriffen, weil sein Publikum eine aufregende Mischung aus Jung und Alt, einheimisch und fremd, reich und stinknormal ist: Das *Bündnerstübli (Mai, Juni, Nov. und Mo geschl., Davos-Dorf, Dischmastr. 8, Tel. 081/416 33 93, €€)* strahlt eine urgemütliche Atmosphäre aus, und man genießt die einfachen, aber guten Gerichte der Gegend. Das Sportangebot ist so reichlich wie das der Hotels. Hingewiesen sei noch auf die *Jugendherberge (Ortsteil Wolfgang, Höhwald, Tel. 081/416 14 84).* Informationen bei *Davos Tourismus, Tel. 081/ 415 21 21, Fax 415 21 00, www.davos.ch.*

Flüeli Ranft **(118/A 5)**

Diese kleine einstige Einsiedelei mit drei Wallfahrtskapellen ist schon wegen eines Hotels mit Restaurant besuchenswert: Das *Paxmontana* in einem renovierten Jugendstilbau *(Tel. 041/ 660 22 33, €€)* liegt auf einer waldreichen Terrasse hoch über dem Sarner See.

Ruinaulta **(119/D 6)**

So heißt die gewaltige Rheinschlucht zwischen Reichenau, wo Hinterrhein und Vorderrhein zusammenfließen, und Ilanz. Durch die Ablagerungen eines späteiszeitlichen Bergsturzes bahnte sich der Vorderrhein im Lauf der Zeit eine 400 m tiefe Schlucht, die cañonartige Züge trägt, von umwerfender Schönheit ist und am besten mit der Rhätischen Bahn durchfahren wird. Ihre Trasse durfte als einziges in die Schlucht gelegt werden, eine kleine, gewundene Straße am Hang kann wunderbar mit dem Fahrrad genossen werden. Die große Straße führt auf der Südseite weit oben durch den Skiort Flims/Laax. Neuerdings kann man auch mit dem Schlauchboot durch die Ruinaulta fahren.

Klosters im Prättigau **(119/F 5)**
Um es salopp zu formulieren: Hier gehen Könige miteinander Schlitten fahren. Prinz Charles liebt die Hänge um Klosters zum Skifahren, von denen man mittels diverser Bahnen auch auf jene von Davos überwechseln kann. Der Turm der Kirche in der Ortsmitte stammt noch aus der Gründungszeit des Filialklosters von Churwalden im 13. Jh. Ihre Fenster im gotischen Chor aus dem Jahr 1493 schuf der Bündner Künstler Augusto Giacometti. Auskunft über das vielfältige Sport- und Freizeitangebot gibt der automatische InfoDienst *(Tel. 081/410 20 20).*

Küssnacht/Rigi **(118/B 4)**
Also dann: Durch diese hohle Gasse – muss man eigentlich nicht durch. Mit viel Pathos (und Sinn für Fremdenverkehr) halten die Schweizer ihren Befreiungsmythos von Wilhelm Tell aufrecht, der diesem grässlichen Landvogt Geßler aufgelauert haben soll. Hat er nicht! Die Historiker können's einfach nicht beweisen. Trotzdem hat Küssnacht seinen Tellbrunnen (von 1959!). Und selbstverständlich kommen Sie nach zwei Kilometern auf der *Straße* Richtung *Immensee* an die *Tellskapelle* und die *Hohle Gasse,* von wo Sie in drei Minuten zu Fuß das nicht sonderlich empfehlenswerte Gasthaus *Hohle Gasse* erreichen. Damit genug der Armbrustschießereien. Das Schönste an Küssnacht ist die ★ *Rigi.* Jawohl! Auch wenn die meisten von diesem Bergzug als dem Rigi schreiben, es heißt einwandfrei: die! Denn höchstwahrscheinlich leitet sich der Name von »Regina montium« ab, was Königin der Berge heißt. Der weiteste Blick bis zu den französischen Vogesen und auf den deutschen Schwarzwald eröffnet sich dem Betrachter vom *Rigi-Kulm,* wo hinauf eine Zahnradbahn von *Vitznau* aus fährt. Die Luftseilbahn aus Weggis gelangt nur bis Rigi-Kaltbad, dafür stehen dort diverse Hotels und Sonnenterrassen zur Verfügung, und es warten Dutzende von Spazierwegen darauf, von staunenden Gästen begangen zu werden.

Lenzerheide/Valbella **(119/E 6)**
Das weite Hochtal von Valbella und Lenzerheide wird im Sommer und Winter gleichermaßen von Erholungsbedürftigen aufgesucht. Für Wintersportler gibt es insgesamt 155 Pistenkilometer, von denen etwa ein Drittel als leicht zu bezeichnen sind. Auskunft erteilen das gemeinsame *Verkehrsbüro (Tel. 081/384 17 55)* und der *Tourismusverein (Tel. 081/385 11 20).* Die höchste Erhebung ist mit 2863 m das *Parpaner Rothorn,* auf das eine Seilschwebebahn hinaufführt und an

dessen Fuß bei ★ Parpan die Straße des Bündner Fleischs beginnt. Bis hinunter nach Chur haben sich eine ganze Reihe von Fleischtrocknereien angesiedelt. In ihnen wird Rindfleisch in offene Trockenräume gehängt. Es muss ein paar Wintermonate lang ruhen. Die reine und würzige Luft gibt dem Bündner oder, wie man auch sagt, Bindenfleisch seinen so eigenen Geschmack. Wer nun weiter in Richtung Chur fährt, kann bei Malix ein Gourmetkleinod entdecken: George und Beatrice Pichler, zwei Hobbygastronomen, bewirten im *Zur Kapella/Gourmet Serail* *(Tel. 081/252 48 02, €€€)*, wen und wie sie wollen. Gegessen werden muss, was auf den Tisch kommt. Das aber ist sehr delikat.

Pontresina im Engadin (125/D 3)

Leiden Sie unter lästigem Heuschnupfen? Dann sollten Sie im späten Frühjahr nach Pontresina reisen. Die ultraviolette und staubtrockene Luft bläst, wie überhaupt im ganzen ★ Engadin, Ihre Allergien fort. Insgesamt ist Pontresina, eingerahmt von herrlichem Hochgebirge, ebenso ein Sommer- wie Winterort, ein Schickeria- wie Wanderertreff. Man verträgt sich, denn man kann sich gut gegenseitig respektieren und aus dem Weg gehen.

St. Moritz (125/D 3)

Hier ist man den Trends der Schickeria immer ein wenig voraus. Die Engadiner Gemeinde hat eine Schweigewiese eingerichtet. Kurdirektor Hanspeter Danuser erklärt: »St. Moritz war schon immer ein Ort für Trendsetter. Und dem Trend aus Amerika, dem Mental Jogging, wollten wir uns nicht verschließen. Auf der Schweigewiese können unsere Gäste ihre Seele baumeln lassen.« Dass nun aber der Trubel aus dem mondänen Ski-

St. Moritz – Tummelplatz der internationalen Schickeria

Panoramablick auf den Silvaplaner See

und Sommer-Erholungsort verschwinden wird, glaubt Danuser nicht: »Wir sind auch in Zukunft kein Ort der leisen Töne.« Was man laut sagen kann. Gunter Sachs und Fiat-Agnelli, Dracula-Bar und Cresta Run – aus den winterlichen Klatschkolumnen der Welt ist der Nobelort nicht wegzudenken. Er hat 350 km Skipisten und mit dem 3451 m hohen *Piz Corvatsch* eine echte Herausforderung für Steilhasen. Wer dem Rummel um die großen Hotels *Palace*, *Kulm* und *Suvretta-House* entfliehen will, geht nach außerhalb. Etwa in das 15 km entfernte *Chesa Salis* nach *Bever (Tel. 081/852 48 38, Fax 852 47 06, Hotel, 17 Zi., und Restaurant: €€)*, wo Bündner Regionalküche wie etwa Gerstensuppe gepflegt wird. Oder in die nicht einmal halb so weit entfernte *Chesa Guardalej* nach *Champfèr (Tel. 081/836 63 00, Fax 836 63 01, Hotel, 98 Zi., und 3 Restaurants: €€)*, in der es abends Raclette bis zum Abwinken gibt. St. Moritz ist in allem immer noch etwas teurer – worauf man auch stolz ist. Auskünfte über St. Moritz erteilt das *Verkehrsbüro (Via Maistra 12, Tel. 081/ 837 33 33, Fax 837 33 77)*.

Schwyz **(118/B 5)**

Es muss sein, dass der dem ganzen Land den Namen gebende Urkanton mit seiner Hauptstadt erwähnt wird. Immerhin kann man ja auch im modernen *Bundesbriefarchiv (Bahnhofstr. 20)* historische Dokumente wie das Original des Bundesbriefs von 1291 besichtigen *(Di–Fr 9.30 bis 11.30 und 13.30–17 Uhr, Mai–Okt auch Sa/So 9–17 Uhr und Nov. bis April Sa/So 13.30–17 Uhr, www.museenschwyz.ch)*.

Silser See **(125/D 3)**

Das Dorf Sils im Engadin, ein viel besuchter Luftkurort hinter St. Moritz, besteht aus den Dörfern

Sils-Maria und Sils-Baselgia. Für Kulturreisende mag der Besuch des *Nietzsche-Hauses* in *Sils-Maria (neben Hotel Edelweiß, tgl. 15–18 Uhr, Ostern–Ende Juni geschl., Tel. 081/826 53 69)* das Größte sein. Die spartanische Einrichtung stammt zwar samt und sonders aus dem 19. Jh. Dennoch ist sie nicht jene, in der sich der genügsame Philosoph von 1881 bis 1888 im Sommer aufhielt – vor allem wegen der Umgebung, die ihm zur wichtigsten Inspirationsquelle wurde. Kein Wunder daher, wenn noch heute Naturfreunde einen Spaziergang am *Silser See* schätzen. Er ist mit fünf Kilometern der längste der Oberengadiner Seen und reicht bis an den Malojapass.

Silvaplana **(125/D 3)**
Zwischen St. Moritz und Sils liegt auf einem klassischen Schwemmdelta der Ort Silvaplana direkt am gleichnamigen See. Dieser ist bei Surfern sehr beliebt, denn immer gegen Mittag frischt der Malojawind auf, ein steifer Südwestwind, der vom Malojapass her das ganze Oberengadin hinunter bläst. Dank häufiger Schönwetterperioden ist der Zeltplatz am Seeufer im Sommer ein Mekka für die Surfer. Im Winter verfügt Silvaplana mit dem Corvatsch über ein prächtiges Skigebiet, das bis auf 3300 m hinaufreicht. Auskünfte erteilt die *Touristeninformation: Tel. 081/838 60 00, Fax 838 60 09.*

Via Mala **(124/C 2)**
★ Der, wie er übersetzt heißt, böse Weg führt durch die gleichnamige Rhein-Schlucht zwischen *Thusis* und *Zillis* in Graubünden. Wer dessen Schönheit richtig ermessen will, geht zu Fuß, auch wenn inzwischen eine Autostraße durch die Schlucht gebaut wurde. Der Fußweg ist drei bis dreieinhalb Stunden lang. Wer kein Auto hat, fährt mit der rhätischen Bahn von *Chur* nach *Thusis.* Dort steigt er gegenüber vom Bahnhof in den Postbus, der dann durch die Schlucht Richtung *San Bernardino* zuckelt. Berühmt wurde die Via Mala durch den gleichnamigen Roman von John Knittel, der die Geschichte eines dort lebenden Familientyrannen erzählt. Ausführlich informiert das Heft »Kulturwege in Graubünden«, das man bei *Graubünden Ferien* bestellen kann *(Alexanderstr. 24, 7000 Chur, Tel. 081/254 24 24).*

Vitznau **(118/B 5)**
Der Ausgangspunkt der Zahnradbahn auf die Rigi am Vierwaldstätter See, die übrigens die älteste in der Schweiz ist, hat ein wunderbares Hotel: Das *Park-Hotel* direkt am See *(100 Zi., Tel. 041/399 60 60, Fax 399 60 70, €€€, auch im sehr guten Restaurant)* ist ein Jugendstil-Prunkbau. Im herrlichen Garten gibt es sogar eine eigene Dampferanlegestelle. Und man kann die hauseigene Schnapsbrennerei besichtigen, deren Produkte exklusiv an der Bar und im Restaurant ausgeschenkt werden.

Zug **(118/B 4)**
Auf dem Weg von Luzern nach Zürich durchquert man den Kanton *Zug,* der aus zwei Gründen weltbekannt ist: Dort gibt es nach Liechtenstein die meisten Briefkastenfirmen – und das beste Kirschwasser.

Zwischen Rheinknie und Bodensee

Im Norden zeigt die Eidgenossenschaft bei weitem nicht überall ihren sonst so strahlenden Charme. Dennoch gibt es Reizvolles

Wer von Norden, also von Deutschland her, in die Schweiz einreist, sollte nicht dem landläufigen Vorurteil anheimfallen, dass die Eidgenossenschaft erst mit Zürich beginnt. Denn auch der Norden hat charmante Ecken, besonders im östlichen Teil zwischen Bodensee und Zürichsee. Dort nämlich, wo sich das Appenzeller Land über die lieblichen Hügel erstreckt und die angrenzende Klosterstadt St. Gallen ihren Charme versprüht. Oder entlang des Rheins, wo man auf hübsche Kleinstädte wie Stein am Rhein und Schaffhausen trifft oder den Rhein selber tosend über eine Felsstufe fallen sehen kann. Trotzdem beherrscht Zürich, die Wirtschaftsmetropole und heimliche Hauptstadt, fast die gesamte Nordschweiz. Mit einer Ausnahme: In Basel, am Rheinknie und im Dreiländereck zwischen Frankreich, Deutschland und der Schweiz, wird großer Wert darauf gelegt, nicht in einem Atemzug mit den »arroganten« Zürchern genannt zu werden. Deshalb soll auch Basel, das so genannte Tor zur Schweiz, dieses Kapitel eröffnen.

Vier Kilometer westlich von Schaffhausen stürzt das Wasser des Rheinfalls auf 150 Meter Breite bis zu 20 Meter in die Tiefe

BASEL

☛ **Stadtplan auf Seite 126**

(117/D 2) Das Tor zur Schweiz kennen viele nur vom Durch- oder Vorbeifahren. Dabei gibt es eine Reihe von Gründen, wenigstens einen Zwischenstopp einzulegen. Da Basel (170 000 Ew.) eine Universität hat, übrigens die älteste in der Schweiz, gibt es viele junge Leute, die das Stadtbild prägen. Dieses wirkt besonders in der Altstadt mit ihrer Treppengasse und dem Spalentor noch malerisch mittelalterlich. Man kann die Stadt von Erasmus, Paracelsus und Holbein auf eigene Faust entdecken, da an vielen Hauswänden kleine Erklärungsschilder auf die lange Historie hinweisen. Außerdem gibt es beim Verkehrsbüro einen

»Führer zu fünf selbst geführten Rundgängen«. Allerdings werden auch vor allem im Sommer verschiedene offizielle Rundgänge angeboten. Auskunft erteilt das Verkehrsbüro. Baslerinnen und Basler stehen im Ruf, viel Wert auf Kultur zu legen, was sich allein schon darin zeigt,

Das Basler Rathaus erinnert an die große Zeit im 15. und 16. Jahrhundert

dass sie sich 27 Museen leisten oder per Volksabstimmung zwei sündhaft teure Picassos angeschafft haben. Jedes Jahr findet auch die berühmte Internationale Messe für Kunst des 20. Jhs., die Art, in Basel statt. Ebenso wurde Basel ausgezeichnet für sein Bemühen, nicht nur alte Kulturgüter und Bauten zu erhalten, sondern ebenso moderne Architektur zu fördern und derart für ein gelungenes Zusammenspiel von Alt und Neu zu sorgen. So sind einige ausgefallene Bauten berühmter Architekten in der Stadt am Rheinknie zu finden.

Nicht zuletzt ist Basel aber auch über die Landesgrenzen hinaus berühmt, weil es die Hauptsitze großer Chemiekonzerne beherbergt, die nicht nur wegen Unfällen und fragwürdiger Personalpolitik für manchen Unmut in der Bevölkerung gesorgt haben, sondern auch dafür, dass Basel doch eine gut betuchte Stadt ist, in der man sich aber vornehm hütet, mit Geld oder Reichtum zu prahlen.

BESICHTIGUNGEN

Münster

Mit ihrem Münsterturm hoch über der Stadt gelegen, beeindruckt die im Wesentlichen spätromanische Basilika vor allem wegen ihres reichen Skulpturenschmucks. Besonders bedeutend ist die Galluspforte mit Glücksrad am Querhaus aus dem Jahr 1180, die zu den schönsten Figurenportalen der Schweiz zählt. Im linken Seitenschiff fand 1536 Erasmus von Rotterdam in einem Sarkophag aus rotem Marmor seine letzte Ruhe. *Mo–Sa 11 bis 16, So 14–16 Uhr*

Spalentor

Zwei Rundtürme mit Zinnen schmücken das schönste Stadttor der Schweiz. Es befindet sich an der Straße *Spalenvorstadt* zwischen Holbein- und Petersplatz.

Zolli

★ Der weltberühmte Basler Zoo liegt am südwestlichen Rand des Innenstadtkerns, ganze sieben Gehminuten vom Bahnhof entfernt. Auf 13 ha sind rund 4000 Tiere zu bestaunen. Und im Kinderzoo dürfen die Kleinen sogar zu den Tieren ins Gehege, um sie zu füttern. *Im Sommer tgl. 8–18, im Winter 8–17.30 Uhr; www.zoobasel.ch*

MUSEEN

Basler Papiermühle
In Höhe des Fähranlegers direkt am Rhein gelegen, zeigt das Haus einen historischen Überblick über die Papiergewinnung und die Entwicklung der Buchdruckkunst. *Di–So 14–17 Uhr und nach Vereinbarung (Tel. 061/ 272 96 52), St.-Alban Tal 37*

Fondation Beyeler
Für alle Liebhaber der klassischen Moderne ist die Sammlung von Ernst Beyeler ein Muss. Aber auch Architekturfreaks kommen dank des wunderschönen Museumsbaus von Renzo Piano auf ihre Kosten. *Tgl. 10 bis 18 Uhr, Mi bis 20 Uhr, Baselstr. 77, Riehen*

Museum Jean Tinguely
Der 100. Geburtstag eines großen Chemiekonzerns und die Freundschaft des Konzernherrn mit dem Künstler machten es möglich, dass nur fünf Jahre nach dem Tod des verspielten Eisenplastikers Jean Tinguely zwischen dem Hauptsitz des Konzerns und der Autobahnbrücke ein vom dem Schweizer Stararchitekten Mario Botta hochgezogenes 30-Millionen-Bauwerk einen Teil von dessen Werken – Maschinenskulpturen – beherbergt. *Mi–So 11–19 Uhr, Grenzacherstr. 210*

Öffentliche Kunstsammlung
★ Die weltberühmte Sammlung ist in zwei Museen untergebracht: Das *Kunstmuseum* beherbergt Werkgruppen aus dem 15. und 16. Jh., unter anderem auch von der Holbein-Familie oder von Lucas Cranach d. Ä.,

MARCO POLO TIPPS FÜR BASEL, ZÜRICH UND DIE NORDSCHWEIZ

1 Kronenhalle
Zürichs Traditionslokal ist mindestens einen Besuch wert (Seite 82)

2 Zolli Basel
Nicht nur die Kleinen können sich in diesem Tierpark mitten in der Stadt verlaufen (Seite 74)

3 Rheinfall
Das Naturschauspiel bei Schaffhausen ist besonders nach der Schneeschmelze eindrucksvoll (Seite 87)

4 St. Gallen
Nicht nur die berühmte Bratwurst lockt mit ihrem Duft (Seite 86)

5 Walensee
Am Fuß der Churfirsten-Steilwände wachsen Aprikosen und Wein (Seite 87)

6 Öffentliche Kunstsammlung Basel
Werke von Cranach bis Beuys in zwei Häusern (Seite 75)

aber auch Seltenes aus dem 20. Jh. von Klee, Braque, Picasso (*Di–So 10–17 Uhr, St.-Alban-Graben 16*). Die zeitgenössische Kunst seit den Sechzigerjahren ist im *Museum für Gegenwartskunst* zu sehen mit Werken von A.R. Penck oder Joseph Beuys. *Di–So 11–17 Uhr, St.-Alban-Rheinweg 60*

RESTAURANTS

Basler Spezialitäten gibt es, sieht man einmal von der munter machenden Mehlsuppe zu Fasnacht ab, eigentlich nicht. Die meisten guten Restaurants sind in ihrer Küche vom nahen Elsass mit seinen gerühmten Köstlichkeiten beeinflusst.

Basilisk
Hotelrestaurant mit familiärer Atmosphäre und schöner Sonnenterrasse unweit der Altstadt. *Klingentalstr. 1, Tel. 061/686 96 66, Fax 686 96 67, €€*

Charon
Die ehemalige Nachbarschaftskneipe im Schatten des Spalentors hat sich zu einem Feinschmeckertreff gemausert. Das schöne Jugendstillokal ist auf Fischgerichte spezialisiert. *Okt. bis April So, Mo, Mai–Sept. Sa, So geschl., Schützengraben 62, Tel. 061/ 261 99 80, €€*

Hirscheneck
Ein Treffpunkt der alternativen Szene mit guter Stimmung und ebensolcher Küche. *Tgl. ab 11 Uhr, Lindenberg 23, Tel. 061/ 692 73 33, €*

Kunsthalle-Restaurant
Genauso wie die Kunsthalle selbst (wechselnde Ausstellungen, nicht zu verwechseln mit dem Kunstmuseum!) ist auch deren Restaurant einen Besuch wert. Zweigeteilt bietet es für alle etwas Gediegenes, umgibt sich mit städtischem Flair und wartet im oberen Stock mit einer topmodernen Bar auf, wo exquisite Drinks zubereitet werden. *Steinenberg 7, Tel. 061/272 42 33, €€ und €€€*

Stucki Bruderholz
Für Gourmets ein Pilgerort – gereicht wird Exquisites vom ersten bis zum letzten Bissen. *So, Mo geschl., Bruderholzallee 42, Tel. 061/ 361 82 22, €€€*

ÜBERNACHTUNG

Drei Könige am Rhein
Das Traditionshaus *Trois Rois* reicht mit seiner Geschichte bis ins 11. Jh. zurück. Es liegt sehr ruhig und hat zauberhafte Rheinterrassen. *88 Zi., Blumenrain 8, Tel. 061/260 50 50, Fax 260 50 60, €€€*

Kunst-Hotel der Teufelhof
Ein ungewöhnliches Haus, dessen Zimmer eher karg sind, dafür aber jedes von einem anderen Künstler gestaltet. Man bezeichnet sich als »Kultur- und Gasthaus«, was sich auch in Restaurant, Weinstube, Café und Bar widerspiegelt. *8 Zi., Leonhardsgraben 47–49, Tel. 061/261 10 10, Fax 261 10 04, www.teufelhof.com, €€€*

Steinenschanze
Das Hotel liegt zentral und trotzdem sehr ruhig. Außerdem ist es preiswert. *47 Zi., Steinengraben 69, Tel. 061/272 53 53, Fax 272 45 73, €€*

AM ABEND

Eine rege Theaterszene lädt zum Besuch, ein international anerkanntes Ballett weiß Insider zu begeistern. Wer selber tanzen will, begibt sich am besten ins *Babalabar* *(Gerbergasse 76)*, wo nicht nur junges Volk bis in die Morgenstunden tanzt. Im *Atlantis, genannt »Tis«*, dem ältesten Rockcafé der Schweiz *(Klosterberg 13)*, gehen auch Livekonzerte über die Bühne. Oder aber man konsultiert das Programm der *Kulturwerkstatt Kaserne*, eines ehemals alternativen, jetzt etablierten Zentrums *(Klybeckstr. 1 b)*.

Grenzwert
In-Bar, die so heißt, weil sie exakt 10 Jahre nach dem Chemieunglück von Schweizerhalle eröffnet wurde. Architekten- und Grafikerszene, aber der Standort am Rand des Rotlichtviertels garantiert eine reizvolle Durchmischung. *Rheingasse 3, Tel. 061/ 681 02 82*

FÄHREN

Eine Besonderheit in Basel sind die drei Personenfähren, die ihre Passagiere nur mit Hilfe der Strömung über den Rhein fahren. Standorte für die winzigen Nachen, mit denen man schon für 1,20 Franken fahren kann, sind *Blumenrain, Münsterplatz* und *St.-Alban-Rheinweg*.

AUSKUNFT

Neben der *City-Information* mit Hotelreservierung im *Bahnhof SBB* gibt es auch noch ein *Verkehrsbüro (Mo–Fr 8.30–18, Sa 10 bis 13 Uhr, Schifflände 5, Tel. 061/ 268 68 68, Fax 268 68 70, www. baseltouris mus. ch)*.

ZIELE IN DER UMGEBUNG

Goetheanum Dornach **(117/D 2)**
In einem futuristischen Gebäude aus Sichtbeton hat die Anthroposophische Gesellschaft Rudolf Steiners ihr Zentrum. *Mo–Fr 9.30 bis 12.30 und 14.30–18 Uhr, Sa 9.30–12.30 und 14–17 Uhr, Tel. 061/706 42 75*

Solothurn **(117/D 4)**
Enge Gassen und eine großzügige Kathedrale prägen das Stadtbild. Ein Zeitglockenturm aus dem 12. Jh. hat eine astronomische Uhr. Gegenüber findet man das urgemütliche Restaurant *Zunfthaus zu Wirthen (Hauptgasse 41, Tel. 032/ 626 28 48, €€)*.

ZÜRICH

Stadtplan in der hinteren Umschlagklappe

(118/B 3) Der Scherz kommt so sicher wie das Amen in der Kirche. Erzählt einer, dass er wieder einmal nach Zürich reist, hört er auch schon die Frage: »Ach, gehst du dein Geld besuchen?« Tatsächlich gilt Zürich immer noch als Bankenplatz Nummer eins in der Schweiz. In der *Bahnhofstrasse* und am *Paradeplatz* haben die großen Schweizer Geldinstitute ihre Zentralen. Auch wer nicht mit dem Aktenkoffer voller Bargeld anreist, um es – übrigens wenig zinsbringend – zu deponieren, kommt nicht vergebens in die Stadt an Limmat und Zürichsee, in der auf einer Fläche von 92 km² knapp 350 000 Leute leben. Touristen und StudentInnen, GastarbeiterInnen und Geschäftsleute machen Zürich zu einer lebendigen, gleichwohl – wie überall in der Schweiz – nicht rund um die Uhr belebten Stadt. Ein Gespür für den Puls der Stadt bekommt, wer seinen Besuch – vielleicht aus dem Haupteingang des Hauptbahnhofs tretend – mit einem Spaziergang durch die weltberühmte *Bahnhofstrasse* beginnt. Sie ist nicht irgendeine Einkaufsstraße in irgendeiner der Metropolen. Sie ist New Yorker Fifth Avenue, nur sehr viel überschaubarer; sie ist Pariser Rue du Faubourg-St.-Honoré, nur längst nicht so lang; sie ist Düsseldorfer Königsallee, nur zweimal so kostspielig. In der Zürcher Bahnhofstrasse bummelt man und kauft ein. Neben den Edelboutiquen gibt es Kaufhäuser, in denen Modebewusste durchaus Erschwingliches finden. Man stößt auf Schmuck und Uhren und selbstverständlich auf Sprüngli, wo man eine heiße Schokolade trinken und »Luxemburgerli« zum sofortigen Genuss kaufen kann. Die Bahnhofstrasse führt in einem leichten Linksschwung über den stets quirligen *Paradeplatz,* den Knotenpunkt der für Zürich typischen und für den innerstädtischen Verkehr so praktischen Straßenbahnen, direkt an den Hauptlandungssteg des Zürichsees, nicht das größte und nicht das schönste Binnengewässer der Schweiz, aber schon wenige Meter vom hektischen Stadtzentrum entfernt ein Refugium. Links und rechts des Sees gibt es Badeanstalten mit gepflegten und ausladenden Liegewiesen, auf denen man auch im Hochsommer immer noch ein kleines Plätzchen findet. Doch zurück in die Stadt. Zwischen Bahnhofstrasse und der durch Zürich fließenden Limmat beginnt die *Altstadt,* die sich am anderen Ufer bis hinauf gegen den Zürichberg mit noch verwinkelteren Gassen fortsetzt. Dort gibt es noch viele schöne, alte Bürgerhäuser, gepflegte Antiquitätenläden, jede Menge Kneipen und die *Kronenhalle,* eine Zürcher Institution, in deren angrenzender, gegen 18 Uhr restlos überfüllter und ab 20 Uhr wieder betretbarer Bar das gut situierte Zürich nach 17 Uhr seinen Apéro, den ersten Schluck Alkohol des Tages, zu nehmen scheint. Ausführliche Informationen finden Sie im MARCO POLO Führer »Zürich«.

BESICHTIGUNGEN

Botanischer Garten (O)
Die Pflanzenschau auf über 50 000 m² überrascht mit drei Glaskuppeln als Schauhäusern. Zu sehen sind im integrierten Botanischen Museum der Universität mehr als eine Million Pflanzen aus aller Welt – und das bei freiem Eintritt! *Tgl. 8–18, im Sommer Mo–Fr 7–19, Sa/So 8 bis 19 Uhr, Schaukästen 9.30–11.30 und 13–16 Uhr, Zollikerstr. 107*

Centre Le Corbusier (O)
Einer der wenigen Bauten, die der berühmte Architekt in seinem Heimatland gebaut hat, dient heute als Ausstellungspavillon für moderne Kunst. *Mi 10–20, Do–So 14–17 Uhr, Höschgasse 8, Ecke Bellerivestr.*

Fraumünster (U/B 5)
Die dreischiffige Pfeilerbasilika ist vor allem wegen ihrer fünf farbigen Glasfenster im spätroma-

nischen Chor besuchenswert. Der große Marc Chagall schuf sie 1970. *Im Sommer 9–18, im Winter 10–16 Uhr, Münsterhof*

Neumarkt/Rindermarkt (U/D 4)
Urkundlich schon 1145 erwähnt, gehört die breite Gasse zu den besterhaltenen historischen Teilen Zürichs. Eine Gedenktafel am *Haus Neumarkt 27* weist darauf hin, dass hier am 19. Juli 1819 der Schriftsteller Gottfried Keller geboren wurde.

Schipfe (U/C 3)
Die malerische Gasse führt direkt an der Limmat entlang. Ihre Häuser stammen aus dem 17. und 18. Jh. Ein Durchgang führt zur neuen Rathausbrücke hinauf, wo sich schon vor mehr als 700 Jahren eine hölzerne Brücke über die Limmat spannte.

Thomas-Mann-Archiv (U/E 3)
In zwei Räumen des 1665 erbauten Hauses »Zum oberen Schönenberg«, die ehemals von Thomas Mann als Arbeitszimmer und Bibliothek genutzt wurden, können heute verschiedene Dokumente aus dem Nachlass des 1955 verstorbenen Literatur-Nobelpreisträgers besichtigt werden. *Mi und Sa 14–16 Uhr, Führungen nach Vereinbarung, Tel. 01/632 40 45, Schönberggasse 15*

Zürichs Stadtkern erstreckt sich an den Ufern der Limmat

Weinplatz **(U/C 4)**
Über den Altstadtplatz, an dem das traditionelle Hotel *Storchen* liegt, in dem schon der Naturforscher Paracelsus übernachtete, sollte man einmal gehen.

Zürichhorn **(O)**
An der Anlegestelle für die Limmatschiffe steht eine Riesenmaschine von Jean Tinguely. Er gab ihr den Namen »Eureka«.

MUSEEN

Grafische Sammlung der Eidgenössischen Technischen Hochschule **(U/E 2)**
Der mächtige Bau, der zwischen 1861 und 1864 nach Plänen von Gottfried Semper errichtet wurde, beherbergt eine Sammlung alter und moderner Grafik und Handzeichnungen, darunter Werke von Dürer, Goya und Rembrandt. *Mo, Di, Do, Fr 10–17, Mi 10–20 Uhr oder nach Vereinbarung (Tel. 01/632 40 46), Eintritt frei, Eingang Karl-Schmid-Gasse*

Kunsthaus **(U/D 5)**
Immer wieder sind die reichhaltigen, kostbaren Kunstschätze durch großzügige Stiftungen erweitert worden. Zürcher Maler des 17. und 18. Jhs., darunter eine bedeutende Sammlung mit Werken von Johann Heinrich Füssli, nehmen einen breiten Raum ein. Aber auch die europäische Malerei des 19. und 20. Jhs. ist mit Werken von Manet, Monet, Renoir, van Gogh, Corinth, Beckmann, Dalí, Picasso und Braque bedeutend vertreten. Das i-Tüpfelchen ist die Alberto-Giacometti-Stiftung im Neubau mit zahlreichen Arbeiten des Schweizer Künstlers. *Di–Do 10–21, Fr bis So 10–17 Uhr, Führungen Mi 18.30 und So 11 Uhr, Heimplatz 1*

Museum Rietberg **(O)**
In der *Villa Wesendonck im Rieterpark,* in der um die Mitte des 19. Jhs. ein kulturelles Zentrum war und Zeitgenossen wie Franz Liszt, Johannes Brahms und Conrad Ferdinand Meyer wohnten, werden heute Kunstwerke aus Vorder- und Hinterasien gezeigt. Ein besonderer Tipp: die Schweizer Masken im 2. Stockwerk. *Di–So 10–17 Uhr, Villa Rieter: Di–Sa 13–17, So 10–17 Uhr, Gablerstraße 15/Enge*

Schweizerisches Landesmuseum **(O)**
Die Schweizer Geschichte wird in 84 Räumen lebendig. Besonders schön sind die Glasmalereien aus dem Zisterzienserkloster Rathausen bei Luzern aus der Zeit zwischen 1591 und 1623 im Raum 31. Außerdem gibt es Textilien, Schmuck, Interieurs, Uhren etc. zu sehen. *Di–So 10.30 bis 17, Führungen Di 18 Uhr und nach Vereinbarung, behindertengerecht, Museumstr. 2, Tel. 01/218 65 11*

Städtische Sukkulentensammlung **(O)**
25 000 Kakteen, Agaven, Aloe etc. aus Afrika, Süd- und Mittelamerika sind hier zu sehen. *Tgl. 9–11.30 und 13.30–16.30 Uhr, Führungen nach Vereinbarung (Tel. 01/ 201 45 54), Auskünfte Mi 14–16 Uhr, Mythenquai 88, beim Strandbad*

RESTAURANTS

Wer das Essen in Zürich nicht zu seiner Zufriedenheit findet, ist selbst schuld. Und deshalb ist ein Überblick über das Gastronomieangebot in der Stadt an der Limmat schwer. Denn gerade in dieser brodelnden Stadt steht der Wechsel für Beständigkeit. Oder, wie es der bekannte Gastrokritiker Beat Wüthrich formuliert: »Da läuft was; da übernimmt einer ein Lokal und, schwuppdiwupp, nach einem Monat, ist ihm alles bereits wieder verleidet ... Er gibt sich keine Mühe mehr, wartet nur darauf, dass ihm ein anderer den horrenden Mietzins von 20 000 Franken monatlich abnimmt.« Da ist es wieder, das teure Pflaster. Es spiegelt sich natürlich in den Restaurantpreisen wider. Schon fürs *Cüpli,* das Glas Champagner, sind 12 oder 14 Franken die untere Grenze. Dass man trotzdem noch kostengünstig speisen kann, beweist die Broschüre »Preiswert essen«, die es im Verkehrsbüro am Hauptbahnhof gratis gibt. Verzeichnet sind Gaststätten und Imbissbuden, in denen es Mahlzeiten bis zu 20 Franken gibt. Wenn nicht anders angegeben, kann man in den *Restaurants mittags 12–15 und abends 18–23 Uhr warm essen.*

Back & Brau (O)

Im aufstrebenden und sich zur neuen Kulturmeile entwickelnden »Industriequartier« liegt dieser schicke Szenetreff, in dem als besonderer Clou eigenes Bier gebraut wird. *So-Mittag geschl., Tel. 01/271 10 30, €*

Belvoirpark (O)

Exzellente Menüs werden von angehenden Profis der dort angesiedelten Hotelfachschule mit der angemessenen Sorgfalt zubereitet und serviert. Dazu lädt der traumhafte Park rund ums Haus zum Lustwandeln ein. *So/Mo geschl., Seestr. 125, Tel. 01/286 88 44, €€–€€€*

Café Zähringer (U/D 3)

In der selbst verwalteten Genossenschaftsbeiz ist das Essen besonders günstig (und trotzdem gut). *Mo geschl., Zähringerplatz 11, Tel. 01/252 05 00, € (die meisten Gerichte gibt es für unter 20 Franken)*

Gießerei Oerlikon (O)

Der hohe, mit Kerzen beleuchtete Raum in der ehemaligen Werkhalle ist einen Abstecher ins Außenquartier allemal wert. Zu essen gibt es in diesem sakral anmutenden Ambiente sorgfältig zubereitete Gerichte. *Do, Fr, Sa geschl., Tel. 01/311 70 44, Birchstr. 108, €–€€*

Kleines zänkisches Bergvolk

Amerikaner führen neben Japanern, Briten und Deutschen die Häufigkeitstabelle der Schweiz-Reisenden an. Einer der ersten Amerikaner, die die Schweiz bereisten, war der Schriftsteller Mark Twain. In sein Reisetagebuch schrieb er über die Menschen im Land voller Zorn: »kleines zänkisches Bergvolk«. Trotzdem fand er nach seinem Grenzübertritt von Deutschland aus auch viel Lobendes: »Am nächsten Morgen fuhren wir mit der Eisenbahn nach der Schweiz und erreichten Luzern gegen zehn Uhr abends. Meine erste Entdeckung war, dass man die Schönheit des Vierwaldstätter Sees nicht übertrieben hatte.«

Kronenhalle (U/D 6)
★ *Die* Institution in Zürich: Noch immer hängen die Originale von Chagall bis Picasso an den Wänden. Noch immer gibt es ein Wiener Schnitzel mit Rösti zum Niederknien. *Rämistr. 4, Tel. 01/ 251 66 69, €€*

Le Lyonnais (O)
Spezialitäten aus der Gegend des französischen Lyon werden in Bistroatmosphäre auf angenehm aufmerksame Art und Weise serviert. Auch die Weinkarte lässt sich sehen. *Sa nur abends, So geschl., Konradstr. 39, Tel. 01/271 10 70, €€*

Petermanns Kunststube (O)
6 km südlich von Zürich, in Küsnacht, liegt der Feinschmeckertempel mit Seeblick. *So und Mo geschl., Seestr. 160, Tel. 01/ 910 07 15, €€€*

Reithalle Gessnerallee (U/A 2)
Der alte Pferdestall gehört zu einem Theater und ist Treff junger Leute jeder Couleur. *Gessnerallee 8, Tel. 01/ 212 07 66, €*

Sixty One (O)
Das wunderbar gelegene Seerestaurant mit Terrasse, Bar und Diskothek ist auch per Limmat-Schiff erreichbar. *Mythenquai 61, Tel. 01/201 11 61, €€*

EINKAUFEN

Selbstverständlich ist Zürich ein Einkaufsparadies. In der Bahnhofstrasse und der angrenzenden Altstadt bekommt man alles.

Café Schober (U/C 4)
Hier gibt es die berühmten Champagnertruffes von Teuscher. *Napfgasse 4*

Floh- und Spezialitätenmarkt (U/B 6)
April–Okt. Sa 7–15 Uhr auf dem *Bürkliplatz.* Ende März–Anfang Dez. Do und Sa 10–21 Uhr auf dem *Rosenhof.*

Schweizer Heimatwerk
Traditionelles, aber auch modernes Kunsthandwerk auf hohem Niveau aus der ganzen Schweiz: Kuhglocken, Sennerkutten, Taschenmesser. *Bahnhofstr. 2, Rennweg 14, Rudolf-Brun-Brücke*

ÜBERNACHTUNG

Das Angebot an Unterkünften ist weltstädtisch. Es reicht vom Luxushotel bis zur Jugendherberge oder alternativen Pension. Wer nicht reserviert, kann oft lange suchen.

Altstadt (U/C 5)
Das sehr persönlich geführte, kleine Hotel liegt mitten in der Altstadt, nur wenige Gehminuten von der berühmten Kronenhalle entfernt. *23 Zi., Kirchgasse 4, Tel. 01/250 53 53, Fax 250 53 54, €€*

Hotel Otter (U/D 5)
Mitten in der Altstadt mit trendiger Bar im Erdgeschoss. *16 Zi., Oberdorfstr. 7, Tel. 01/251 22 07, Fax 251 22 75, €–€€*

Jugendherberge (O)
Für die Monate Juli und August ist auf jeden Fall eine Voranmeldung nötig. Die Übernachtung im 6-Bett-Zimmer kostet pro Person 31 Franken, ein Einzelzimmer 65 Franken (Frühstücksbüfett inkl.). Ganz billig kann hier gegessen werden: Mittags und abends gibt es Haupt-

gang, Nachspeise und Getränk für 11,50 Franken. *Mutschellenstr. 114, Tel. 01/482 35 44, Fax 480 17 27*

Waldhaus Dolder **(O)**
Die Dependance der Luxusherberge *Dolder Grand Hotel* liegt verschwiegen. Herrlicher Blick auf Zürich und den See. *100 Zi., Kurhausstr. 20, Tel. 01/269 10 00, Fax 269 10 01, €€€*

Wellenberg **(U/D 2)**
Charmantes Hotel mit romantischem Innenhof im Herzen der Altstadt. Spezielle Wochenendtarife. *45 Zi., Niederdorfstr. 10, Tel. 01/262 43 00, Fax 251 31 30, €€€*

AM ABEND

Kino
Es gibt fast 40 Lichtspielhäuser in der Stadt. Die meisten Filme werden in ihrer Originalversion mit Untertiteln gezeigt. Die Zürcher Tageszeitungen bringen eine tägliche Programmübersicht.

Niederdorf
Bei einem Bummel durch die rechtsufrige Altstadt trifft man auf Schritt und Tritt auf Kneipen, Nachtclubs und Straßenmusikanten und erfährt auch, wo in der Technohochburg Zürich die nächste Raveparty angesagt ist.

Theater
Im Dreieck zwischen den großen drei Bühnen *(Schauspielhaus* mit altem Spielort beim Kunsthaus und neuem *Schiffbau* im Industriequartier, *Oper* und *Tonhalle)* gibt es eine reiche Theaterlandschaft mit vielen interessanten und abwechslungsreichen Kleinkunstbühnen. Kulturinformationen holt man sich am besten im »züri-tipp«, der Freitagsbeilage des »Tages-Anzeigers«. Der zentrale Vorverkauf findet in der *Billettzentrale Zürich, Bahnhofstr. 9 (Tel. 01/221 22 83)* statt.
Die wichtigsten Adressen:
Opernhaus, Falkenstr. 1, Billetkasse Tel. 01/268 66 66
Schauspielhaus, Rämistr. 34, Tel. 01/265 57 60 (Spielplaninformation)
Schiffbau, Giessereistr. 7–9, Tel. 01/265 57 60
Tonhalle, Claridenstr. 7, Tel. 01/206 34 34

AUSKUNFT

Zürich Tourismus
Das offizielle Verkehrsbüro im Gebäude des *Hauptbahnhofs* hat *von April bis Okt. Mo–Fr 8.30 bis 20.30, Sa, So 8.30–18.30 Uhr und in den Wintermonaten Mo–Fr 8.30 bis 18.30, Sa, So 9–18.30 Uhr geöffnet. Nordseite Bahnhofshalle, Tel. 01/215 40 00, Hotelreservation Tel. 215 40 40, Fax 215 40 44*
Automatische Auskunft: *Tel. 157 120 210, www.zurichtourism.ch, E-Mail: information@zurichtourism.ch*

Schweiz Tourismus
Versendet Infomaterial ins Ausland. *Tödistr. 7, 8027 Zürich, Tel. 01/288 11 11, Fax 288 12 05*

ZIELE IN DER UMGEBUNG

Appenzell **(119/D 3)**
Das Appenzeller Land zählt zu den besonders schönen Ecken der Schweiz. Die hügelige Landschaft mit ihren typischen Streusiedlungen, die herausgeputzten Dörfer und der alles überragende Alpstein mit dem berühmten

Das schöne Appenzeller Land

Säntis lohnen einen Abstecher. Besonders Appenzell selber mit seinem Ortsbild, das aus der Zeit nach dem großen Brand im Jahr 1560 stammt, ist einen Halt wert. Die bunt bemalten Holzhäuser mit ihren geschweiften Giebeln aus jener Zeit verleihen der Hauptgasse einen besonderen Charakter. Auch der *Landsgemeindeplatz* mit der alten Gerichtslinde in der Mitte ist von hohen und niedrigen Gebäuden umgeben. Die Lage Appenzells hat es mit sich gebracht, dass es weder durch Autobahnen noch durch Gleise der Schweizer Bundesbahnen erschlossen ist. Deshalb fahren pittoreske Privatbahnen auf Schmalspur durch die Landschaft. Der Verkehrsclub der Schweiz empfiehlt einen Ausflug ins Appenzeller Land besonders: Man fährt mit der Eisenbahn in zehn Minuten von St. Gallen nach Gossau, steigt dann in die Appenzeller Bahn um, die 45 Minuten bis nach Appenzell, dem Hauptort des Kantons Appenzell-Innerrhoden, braucht. Dort führt ein Höhenwanderweg nach Gais (zwei Stunden bei normalem Tempo). Schließlich fährt die Gaiser Zahnradbahn durch eine malerische Landschaft mit wunderschönen Ausblicken in 45 Minuten wieder hinunter nach St. Gallen.

Bodensee **(119/D–E 1–2)**
Auch auf Schweizer Seite ist der Bodensee mit seiner weißen Flotte von Ausflugsdampfern ein beliebtes Tagesziel. Auskunft über Fahrpläne, Preise und Sonderfahrten mit Musik gibt die *Schweizer Schifffahrtsgesellschaft Untersee und Rhein* in *Schaffhausen (Freier Platz 7, Tel. 052/625 42 82, www.urh.ch).* Direkt am See liegt der Ort *Romanshorn* mit seinem 1200 Jahre alten *Schloss,* in dem heute das *Schlosshotel, 20 Zi.,* mit Restaurant *(Schlossbergstr. 26, Tel. 071/466 78 00, Fax 466 78 01, €€)* untergebracht ist. Vor dem Ortseingang, wenn man von St. Gallen kommt, geht es rechts ab zum Anleger der Fähre, die im Stundentakt das schweizerische Romanshorn mit dem deutschen Friedrichshafen verbindet. In den Kiosken am See gibt es für 4,90 Franken eine nützliche »Bodensee Uferbeschreibung«, in der jeder Ort entlang des Sees mit seinen Sehenswürdigkeiten erwähnt ist. Ausführlich berichtet der MARCO POLO Führer »Bodensee«.

Einsiedeln **(118/B 4)**
Der kleine Ort in der voralpinen Zentralschweiz ist durch sein berühmtes Benediktinerkloster ein Wallfahrtsort und wichtiges religiöses Zentrum geworden. Das gewaltige Klosterviereck, erbaut von 1704 bis 1780 nach Plänen des Klosterbruders Kaspar Moosbrugger, ist der größte und zugleich geschlossenste Barockbau der Schweiz. Die herrlichen

Fresken der Kirche stammen von den Brüdern Asam.

Glarnerland **(118/C 5)**
Auf halbem Weg von Zürich nach Chur öffnet sich in den Alpen ein tief eingeschnittenes, von mächtigen Bergklötzen begrenztes Tal: das Glarnerland oder auch »Zigerschlitz« genannt, weil dort der Schabziger, ein rezenter Käse, hergestellt wird. Als lohnendes Ausflugsziel bietet sich das autofreie Braunwald an, das mit einer Standseilbahn zu erreichen ist.

Hirzelhöhe **(118/B 4)**
Bei *Wädenswil,* in dessen Schloss sich die Eidgenössische Versuchsanstalt für Garten-, Obst- und Weinbau befindet, erstreckt sich die Zimmerbergkette. Ihren höchsten Punkt, die *Hirzelhöhe,* erreichen Sie von dem Dorf *Hirzel* an der Straße Wädenswil-Sihlbrugg. Bei guter Fernsicht haben Sie einen phänomenalen Blick über den Zürichsee auf der einen sowie den Zuger und Vierwaldstätter See auf der anderen Seite.

Kloten **(118/B 3)**
Zürichs Flughafen, einer der zehn größten Europas, ist eine kleine Stadt für sich. Es wird eine Besichtigungsfahrt angeboten. *Terrasse Terminal B, April bis Okt. Mi 13–17, Sa und So 11–17 Uhr.* Außerdem starten von hier aus *Rundflüge* mit verschiedener Reichweite *(Auskunft: Tel. 01/ 814 26 20).* Die *Schweizer Fluggesellschaft Swissair* ist unter *Tel. 157 10 60 (Information)* und *Tel. 0848/80 07 00 (Reservierung)* zu erreichen. Zum und vom Flughafen verkehren während der Flugzeiten auf der Flughafenlinie pro Stunde vier bis fünf Züge der Schweizerischen Bundesbahnen. Die Fahrzeit beträgt ungefähr zehn Minuten.

Beliebtes Ziel in der Umgebung: Liechtenstein

Liechtenstein **(119/E 4)**
Im kleinen Fürstentum zwischen der Schweiz und Österreich gibt es die Städtchen *Vaduz* mit dem Regierungssitz und *Schaan*, ein kleines Industriezentrum. Sie sind über die Rheintalautobahn zu erreichen. Die Ausfahrt auf schweizerischer Seite ist Buchs. Das *Schloss Vaduz* kann nicht besichtigt werden, denn es dient dem das »Ländle« ziemlich autokratisch regierenden Fürsten noch als Wohnsitz. Besuchenswert ist das *Postmuseum* mit Ausstellungen der berühmten Liechtensteiner Briefmarken. Über Öffnungszeiten gibt das *Verkehrsbüro (Tel. 075/232 14 43)* Auskunft. Zum Übernachten lädt zum Beispiel das *Real (13 Zi., Städtle 21, Tel. 075/232 22 22, Fax 075/232 08 91, €€)* ein, in dem ein sehr gutes Restaurant *Au Premier (€€€)* Weine aus eigenem Anbau kredenzt.

Rapperswil **(118/C 4)**
Bei einem Spaziergang an der Uferpromenade erschließt sich das malerische Städtchen auf einer Halbinsel am Nordufer des Zürichsees. An der baumbestandenen Allee gibt es einige Restaurants, die offene Terrassen im ersten Stock haben und deshalb einen schönen Blick übers Wasser ermöglichen. Dort liegt auch das gediegene *Hotel Schwanen* mit seiner schönen Terrasse *(19 Zi., Seequai 1, Tel. 055/220 85 00, Fax 210 77 77, €€–€€€)*.

Die Ansicht von Rapperswil wird vor allem durch das *Schloss* aus dem 13. Jh. geprägt, in dem heute ein *Museum* untergebracht ist *(April–Okt. tgl. 13–17 Uhr oder nach Vereinbarung, Tel. 055/210 18 62)*. Der berühmte Nationalzirkus der Schweiz, Knie, betreibt an seinem Winterstandort in Rapperswil einen *Kinderzoo.* Empfehlenswert ist eine Schifffahrt von Rapperswil zurück nach Zürich. Auskunft erteilt *Tourist Information (Tel. 055/220 57 57, Fax 220 57 50)*.

St. Gallen **(119/D 3)**
☛ Stadtplan auf Seite 126

★ Na klar, die Bratwurst! Die Entstehung der Stadt, Zentrum der Ostschweiz, geht auf die Klostergründung des heiligen Gallus im Jahr 612 zurück. Sie ist über die Grenzen vor allem wegen der typischen Kalbsbratwurst bekannt, die hier mit einer pikanten Zwiebelsoße und Rösti serviert wird. Doch die Stadt hat viel mehr zu bieten. Die Altstadt, die direkt an den Klosterbezirk mit der zweitürmigen *Stiftskirche St. Gallus und Otmar* aus dem 18. Jh. anschließt, hat teilweise ihren spätgotischen Charakter bewahrt. In der Stiftsbibliothek – dem schönsten Rokokosaal der Schweiz – lagern 140 000 Handschriften, Frühdrucke und Bücher von weltweiter Bedeutung und unermesslichem Wert. Bekannt ist St. Gallen auch durch seine Hochschule mit wirtschaftswissenschaftlicher Ausrichtung. Kulinarisch ist die Gaststube *Zum Schlössli (Sa und So geschl., Zeughausgasse 17 am Spisertor, Tel. 071/222 12 56, €€)* zu empfehlen. Angenehm und ruhig wohnen können Sie mitten in der Altstadt im Hotel *St. Gallen (28 Zi., Bankgasse 12, Tel. 071/227 61 00, Fax 227 61 80, www.hotel-st-gallen.ch, €€)*. Als Mitbringsel bieten sich der St. Galler Biber, ein Marzipan-Leb-

Eine Pracht für sich: der Rokokosaal der St. Galler Stiftsbibliothek

kuchen, und die echten St. Galler Stickereien an, die man z.B. bei *Sturzenegger (Marktgasse 21)* bekommt. Auskunft: *Tourist Information (Bahnhofsplatz 1 a, Tel. 071/2273737)*

Schaffhausen/Rheinfall (118/B 1-2)
Der Stadtrand täuscht. Die Industriegebiete könnten von einem Besuch abhalten, sollten es aber nicht, denn in der Altstadt gibt es viele hübsch verzierte Häuser und zahlreiche Plätze mit alten Brunnen. Schaffhausen war früh, schon vor dem 12. Jh., Handelsplatz, weil die Flussschiffer ihre Waren hier anlanden mussten, um sie auf Wagen am Rheinfall vorbei zu transportieren. Der weltbekannte ★ *Rheinfall* von Schaffhausen stürzt am Westende der Rheinschleife um den Vorort Neuhausen auf 150 m Breite bis zu 20 m in die Tiefe. 3 km vom Rheinfall flussaufwärts entfernt gibt es einen Wallfahrtsort für Feinschmecker: das *Hotel-Restaurant Fischerzunft (10 Zi., Rheinquai 8, Tel. 052/6253281, Fax 6243285, Hotel: €€, Restaurant: €€€).*

Walensee (119/D 4)
★ Der 15 km lange und 2 km breite See ist wegen seiner Nordflanke sehenswert. Denn dort fällt die Gebirgskette der Churfirsten mit bis zu 1000 m hohen Steilwänden gleichsam ins Wasser. Die Orte am Nordufer des einzigartigen Sees sind nur mit dem Schiff zu erreichen. Auskunft über Fahrpläne gibt das *Verkehrsbüro* des am Ostende des Walensees gelegenen Orts *Walenstadt (Bahnhofstr. 19, Tel./Fax 081/7352222).*

Winterthur (118/B 2)
Die Stadt ist für ihre international gerühmten Kunstsammlungen bekannt. Ausgezeichnet: die ehemalige *Privatsammlung Oskar Reinhart,* die von alten Meistern bis zu den Franzosen des 19. und frühen 20. Jhs. reicht *(Di 10–20, Mi–So 10–17 Uhr, Haldenstr. 95).*

Sport und Gesundheit

Die hier beschriebenen Routen sind in der Übersichtskarte im vorderen Umschlag und im Reiseatlas ab Seite 116 grün markiert

① VELOLAND SCHWEIZ: DIE JURA-ROUTE

Diese Tour führt von Basel bis Nyon am Genfer See über die wunderschönen Hochebenen des Jura, eines für Schweizer Verhältnisse bescheiden hohen Hügelzugs entlang der französischen Grenze. Sie begegnen halb wilden Pferdeherden und genießen an besonderen Punkten einen grandiosen Ausblick über fast die halbe Schweiz. Es liegt Ihnen das Mittelland zu Füßen, das sich zwischen dem Jura und den Alpen vom Bodensee bis zum Genfer See erstreckt und das man an klaren Tagen fast ganz zu überblicken glaubt. Auf alle Fälle aber ist der Blick auf den Alpenkranz überwältigend, diese Kette der schnee- und eisbedeckten Viertausender, aus denen – vom Jura her gesehen – das berühmte Dreigestirn Eiger, Mönch und Jungfrau herausragt.

Das breite Angebot öffentlicher Verkehrsmittel lässt alle Optionen offen: Man kommt praktisch überallhin mit Bahn und Bus, kann die Tour also an beliebigen Orten beginnen und beenden. Von St. Ursanne nach Nyon braucht man 2–7 Tage, je nach Tempo und Routenwahl. Länge: 200–300 km.

Unter dem Label »Veloland Schweiz« überzieht ein Radwegenetz das kleine Alpenland: Auf neun Hauptrouten, die über verkehrsarme Wege führen, vorzüglich mit dem Fahrrad (in der Schweiz ausschließlich: Velo) zu befahren und vorbildlich ausgeschildert sind, ist es in der überschaubaren Schweiz ein Genuss, gerade so viel zu radeln, bis der Durst oder die Müdigkeit sich meldet. Und jedes kleine Dorf verfügt über mindestens eine Kneipe oder eine Pension.

Alle Routen sind in drei Ringbüchern gesammelt, mit Karten dokumentiert und mit Informationen über Steigungen, öffentliche Verkehrsmittel, Werkstätten etc. versehen. Zudem haben sich viele Restaurants, Hotels, Bauern, Transportbetriebe etc. als Partnerbetriebe zu velo-freundlichen Dienstleistungen verpflichtet. Herausgeber ist die Stiftung Veloland Schweiz. Erhältlich sind die Ringbücher im Buchhandel, an Kiosken oder bei *Schweiz Tourismus, Postfach, 8027 Zürich, Tel. 00 41/1/2 88 11 11, Fax 288 12 05, www.veloland.ch.*

In unserem Beispiel fahren Sie mit dem Zug über *Delémont (S. 45),* die Hauptstadt des Kantons Jura, nach *St. Ursanne,* einem mittelalterlichen Städtchen am Lauf des landschaftlich äußerst reizvollen Grenzflusses Doubs.

Gleich zu Beginn erwartet Sie eine der wenigen happigen Steigungen. Die Belohnung folgt sogleich, finden Sie sich doch auf der für den Jura typischen Hochebene wieder, den so genannten Freibergen, wo sich karges Weideland, Baumgruppen und Waldparzellen mit gigantischen Schirmtannen zu einem der schönsten Landschaftsbilder der Schweiz formieren. Sie gelangen leicht bis *Saignelégier,* das für seine Tradition und die Zucht der robusten Freiberger Pferde berühmt ist.

Auch müde Beine kommen zu ihrem Recht, etwa im kollektiv geführten *Café du Soleil (Tel. 032/951 16 88, Fax 951 22 95, €),* wo sieben schön renovierte Zimmer und ein Schlafsaal zum Übernachten einladen.

Am nächsten Tag führt der Weg vorbei am idyllischen *Étang de la Gruère,* einem Moorsee in einem nordisch anmutenden Naturschutzgebiet. Ein Bad im seifigen Moorwasser ist zwar nicht die Sache frisch geduschter Sauberkeitsfanatiker, aber ungewöhnlich und gesund!

Über den *Mont Crosin* mit seinen Windturbinen erreichen Sie den *Mont Soleil* über St. Imier, wo der Schweiz größtes *Sonnenkraftwerk* zu bewundern ist. Das dortige Sporthotel hat schon bessere Zeiten gesehen, dafür ist die Aussicht beim Frühstück auf der Terrasse grandios.

Überall stoßen Sie auf Landgast- oder Bauernhöfe, wo Sie auch gut hätten übernachten können, und freuen sich, dass die Route nach *La Chaux-de-Fonds (S. 45)* fast nur noch abfallend ist. Die Hauptstadt der Schweizer Uhrenindustrie ist keine Schönheit, interessant wohl nur, weil man sie nach einem verheerenden Feuer im 18. Jh. entlang eines exakt rechtwinklig angelegten Straßennetzes wieder aufgebaut hat.

Wer der Stadt überdrüssig ist oder noch vorwärtskommen will, lädt das Fahrrad in den Zug und fährt am Rand einer zauberhaften Ebene nach *Les Ponts-de-Martel,* wo die Fahrt am nächsten Tag durch eine ebenso zauberhafte *Hochmoorlandschaft* fortgesetzt werden kann. Vorbei an einsamen Höfen und den staunenden Straußen (!) einer Farm erreichen Sie nach einer tollen Schussfahrt das *Val de Travers,* ein dicht besiedeltes und im Gegensatz zu den Jura-Höhen wasserreiches Tal. Dort können Sie eine noch bis 1986 betriebene *Asphaltmine* besichtigen, sich im hübschen *Schwimmbad* bei Boveresse eine willkommene Abkühlung gönnen oder im Bezirkshauptort *Môtiers* das *Wohnhaus,* in das sich der Naturphilosoph *Jean-Jacques Rousseau* zurückzog, besichtigen.

Lassen Sie sich dann mit dem Postauto noch ins *Hochtal von La Brévine,* dem Sibirien der Schweiz, fahren, wo im Winter nicht selten minus 40 Grad gemessen werden, und genießen Sie dort oberhalb des geheimnisvollen *Lac des Taillères* im einsam gelegenen *Gourmetrestaurant* mit Dachstockzimmer den verdienten Feierabend. Oder aber Sie übernachten in *Fleurier* oder *Buttes,* nehmen samt Fahrrad am anderen Morgen den Sessellift und erreichen, nachdem Sie auf dem landschaftlich äußerst reizvollen *Le Chasseron* die prächtige Aussicht – über den Genfer See bis zum Montblanc – ausgiebig genossen haben, das Städtchen *Ste-Croix (S. 29).* Dort dürfen Sie das *Spieldosenmuseum* nicht verpassen! Ebensowenig das *Café de la Poste*, wo man zauberhafte Gerichte zubereitet.

Die nächste Etappe rund um die imposante Erhebung *Aiguille de Baulmes* bis *Lignerolle* ist landschaftlich ebenso reizvoll. Das gilt aber kaum für das Stück bis *Vallorbe,* und für die Steigung bis zum *Lac de Joux* auf etwa 1000 m über dem Meer nehmen Sie mit Vorteil den Zug. Dort präsentiert sich jedoch entlang des Sees eine grandiose Landschaft. In diesem abgeschiedenen Tal mit seiner klaren Luft hat sich bis heute die Präzisionsuhrenherstellung halten können. In *Le Brassus* warten gemütliche Hotels auf die müden Fahrenden, und wer nach ungestörter Ruhe die 300 m auf den *Mont de Bière* nicht scheut, wird belohnt mit einer Fahrt durch den *Parc jurassien vaudois,* eine naturnahe alte Kulturlandschaft mit Mooren, Karstfelsen, Dolinen und Hunderten von Kühen. Und schließlich folgt die Abfahrt durch hübsche *Weinbauerndörfer* am Abhang zum Genfer See bis Nyon, wo Sie als Zückerchen noch das *Schiff Richtung Genf oder Lausanne* via Evian auf der französischen Seite nehmen können.

Natürlich lässt sich für Leute, die auf das Auto angewiesen sind, ungefähr entlang der Veloroute eine ähnliche Fahrt zusammenstellen. Sie ist nicht weniger empfehlenswert.

② ALPENWASSER: WELLNESS IN VERSCHIEDENEN BÄDERN

Die Alpen bringen gesunde und mineralhaltige Wasser hervor, die schon die Römer zu nutzen wussten. Entsprechend ist über die Schweiz verstreut eine Vielzahl von Thermalbädern zu finden, die sich im Zug des Wellnesstrends und dank moderner Architektur oder großartiger Lage regen Zulaufs erfreuen. Vor allem die Vielfalt der Umgebung macht in der Schweiz abwechslungsreiche Badeferien möglich. Exemplarisch soll dies auf einer Route von der Nordgrenze zum Südostzipfel der Schweiz aufgezeigt werden. Die Route kann mit dem Auto, aber auch sehr gut mit öffentlichen Verkehrsmitteln in Angriff genommen werden. Länge: 300 km. Zeitbedarf: nach Lust und Laune.

Wenn Sie aus Deutschland bei Waldshut in die Schweiz kommen, stoßen Sie kurz nach der Grenze auf das erste Bad: das Glaubersalzbad von *Zurzach,* dessen 39 Grad warme Quelle man erst in den Fünfzigerjahren anzapfte. Auf dem Weg Richtung Zürich treffen Sie auf das Kur- und Bäderstädtchen *Baden,* das bereits eine 2000-jährige Bädergeschichte aufweist. Seine 19 Quellen gelten als die mineralreichsten der Schweiz, und die alten Hotelkästen zeugen von der langen Tradition.

Sie fahren weiter gen Südosten und lassen *Zürich,* die größte Schweizer Stadt, links liegen. Beinahe wäre Zürich auch zur Bäderstadt geworden, schlummert doch in der Tiefe ebenfalls Mineralwasser. Dieses wurde eine Zeit lang auch als solches verkauft, allerdings nie in einem Bad genutzt: Das Stimmvolk hatte sich gegen den Bau eines Thermalbads entschieden.

Vom reichen Wasserhaushalt des Alpenlands zeugen auch die vielen Seen. Dem langen *Zürichsee* folgt wenig später der ebenso schmale *Walensee,* eingezwängt zwischen zwei Bergmassiven: Imposant sind auf der linken Seite die *Churfirsten,* sieben steil in den Himmel ragende Felsklötze, gefolgt vom nicht weniger markanten *Alviermassiv.*

Schnurgerade führen Autobahn und Bahn in die so genannte *Bündner Herrschaft,* einen Teil des oberen Rheintals, das durch mildes Klima geprägt ist und ebenso milde Blauburgunderweine hervorbringt. Dort befindet sich das nächste Ziel: *Bad Ragaz.* In der Taminaschlucht südlich von Ragaz entdeckte man 1242 die heilenden Wasser. Damals wurden die Rekonvaleszenten vom benachbarten Pfäfers noch an langen Seilen zum Bad in die Schlucht hinuntergelassen, doch Ragaz hat sich dank anspruchsvoller Hotellerie, Golf- und Flugplatz sowie reicher Möglichkeiten im Sommer wie im Winter den Ruf einer noblen und exquisiten Erholungsoase erworben.

Lassen Sie dann wiederum eine Hauptstadt – *Chur,* diejenige des Kantons Graubünden – links liegen und folgen mit der Rhätischen Bahn zwischen *Reichenau* und *Ilanz* der Rheinschlucht, einem grandiosen Cañon von seltener und vor allem grüner Schönheit. Am Ende eines Seitentals erreichen Sie *Vals,* eine der wenigen deutschsprachigen Ortschaften inmitten des Teils der Schweiz, in dem die vierte Landessprache, Romanisch, gesprochen wird. Das Valser Mineralwasser ist dank pfiffiger Slogans in aller Munde, der Ort hat aber auch dank seines Thermalbads Schlagzeilen gemacht. Realisiert wurde es von dem einheimischen Stararchitekten Peter Zumthor, der es mit flachen Valser Quarzitplatten sozusagen aufschichtete – derselbe Stein, mit dem auch alle Valser Hausdächer gedeckt sind. Entstanden ist ein architektonischer Wallfahrtsort, der mit seiner Schlichtheit die Sinne aufzurütteln und zu betören, aber vor allem auch zu beruhigen vermag.

Zurück im Rheintal, biegen Sie bei Reichenau in Richtung Engadin ab und folgen dem Landwasser via *Davos* und den *Flüelapass* nach *Susch* oder mit der Rhätischen Bahn der Landquart nach *Klosters* und sind dank des brandneuen *Vereinatunnels* in kurzer Zeit im Unterengadin. In *Scuol* – oder Schuls – findet sich eines der schönsten Bäder. Im Bassin im Freien schaut man beispielsweise im Herbst durch die knallgelben Lärchen auf die schon schneebedeckten, hoch aufragenden Berge gegenüber, und das alles im berühmten, besonders gleißenden Engadiner Licht, das auch den Himmel tiefblau erscheinen lässt.

Eine lange Tradition weist das benachbarte *Bad Tarasp-Vulpera* auf, das vor allem durch seine Trinkhalle im Gespräch ist.

Talabwärts sind weitere Perlen zu finden. So im *Val Sinistra,* wo ein gut verstecktes Hotel früher noch arsenhaltige Bäder anbot, oder aber in *Samnaun,* dem hintersten Zipfel Graubündens, das nicht nur als Zollfreigebiet und Skiarena, sondern auch mit seinem Erlebnisbad einen würdigen Abschluss der Bäderreise abgibt.

Von Auskunft bis Zug fahren

Hier finden Sie kurz gefasst die wichtigsten Adressen und Informationen für ihre Schweiz-Reise

AUSKUNFT VOR DER REISE

Schweiz Tourismus
Postfach 16 07 54, 60070 Frankfurt/ M., Tel. 069/256 00 10, Fax 25 60 01 10 oder Tel. 0800/100 30 31, www.schweizferien.ch

Schweiz Tourismus
Postfach 34, 1015 Wien, Tel. 01/ 51 27 40 50, Fax 5 13 93 35, www.schweizferien.ch

AUSKUNFT IN DER SCHWEIZ

Schweiz Tourismus
8027 Zürich, Tödistr. 7, Postfach 695, Tel. 01/288 11 11, Fax 288 12 05, www.schweizferien.ch

Schweizer Tourismus-Verband
3001 Bern, Finkenhubelweg 11, Postfach 8275, Tel. 031/307 47 47, Fax 307 47 48

AUTO

Das Autofahren in der Schweiz ist nicht immer ungetrübte Freude. Die Autobahnen sind als Verbindungswege zwischen Mittel- und Südeuropa häufig verstopft. In der Schweiz liegt die Höchstgeschwindigkeit in Ortschaften bei 50 km/h, auf Landstraßen bei 80 und auf Autobahnen bei 120 km/h (im Juli und August in vielen Kantonen aus Umweltschutzgründen sogar nur bei 100 oder 80 km/h. Verstöße werden streng geahndet. Wer mehr als 20 km/h zu schnell fährt, muss mit Führerscheinentzug rechnen. Alkohol am Steuer (Promillegrenze: 0,8) wird besonders hart bestraft: Geldstrafen von 2000 Franken und Führerscheinentzug sind keine Seltenheit. Auf den grün ausgeschilderten Autobahnen ist eine Plakette hinter der Windschutzscheibe Pflicht, die es für 40 Franken an den Grenzübergängen, Postämtern und Tankstellen sowie beim *Automobil-Club der Schweiz (ACS, Tel. 031/328 31 11, Fax 311 03 10)*, beim *Touring-Club der Schweiz (TCS, Tel. 031/352 22 22, Fax 352 22 29)* und beim *Verkehrsclub der Schweiz (VCS, Tel. 061/264 90 00, Fax 264 90 09)* gibt. In den in allen größeren Städten vorhandenen Geschäftsstellen dieser Klubs gibt es auch die Parkscheiben, ohne die man in den meisten Innenstädten (Stichwort:

blaue Zonen!) kaum noch parken darf. Die Tankstellen abseits der Autobahnen – die preiswertesten sind die Migrol-Tankstellen – schließen meist gegen 20 Uhr. Bei Unfällen muss die *Polizei (landeseinheitliche Nummer: 117)* gerufen werden. Notruf bei *Personenschäden: 144; Pannendienst: 140.*

Autofähren gibt es auf dem Bodensee, dem Zürichsee, dem Vierwaldstätter See und dem Lago Maggiore. Die ganzjährig geöffneten Alpenpässe sind Bernina, Brünig, Forclaz, Jaun und Pillon. Alle anderen Pässe sind normalerweise zwischen Mai und Oktober befahrbar. Am Pass hat das bergaufwärts fahrende Fahrzeug Vorfahrt. Alpentunnel mit spezieller Verladung auf Autozüge finden sich an Albula, Furka, Lötschberg, Simplon sowie zwischen Klosters und dem Unterengadin. Über Wetterlage und Straßenzustand besonders auch in den Bergen informiert eine automatische Ansage unter *162* bzw. *163*. Sie kann auch vom Ausland angewählt werden (Vorwahl von *Deutschland und Österreich: 0041/1).* Auf keinen Fall sollte man im Winter ohne einen Satz Schneeketten im Kofferraum durch die Schweiz reisen.

CAMPING

Die Campingplätze der Schweiz gehören zu den schönsten Europas. Drei Viertel der über 600 Plätze liegen an See- oder Flussufern. Auskunft: *Schweizerischer Camping- und Caravaning-Verband, 6000 Luzern 4, Habsburgerstr. 35, Tel. 041/2104822, Fax 2100002.* Wildes Campen ist bei hohen Strafen verboten!

DIPLOMATISCHE VERTRETUNG

Deutsche Botschaft
Willadingweg 83, 3006 Bern, Tel. 031/3594111, Fax 3594444, Mo bis Fr 9–12 Uhr

Österreichische Botschaft
Kirchenfeldstraße 77/79, 3006 Bern, Tel. 031/3565252, Fax 3515664, Mo–Fr 9–12 Uhr

EINREISE

Ein bisschen sorgfältiger als alle anderen europäischen Staaten achten die Schweizer darauf, dass Touristen wirklich nur als Touristen kommen. Deshalb ist es angebracht, den Ausweis oder Reisepass immer bei sich zu tragen. Neben dem Reisepass gilt auch ein Personalausweis oder ein Seefahrtbuch als Legitimation. Kinder brauchen einen Kinderausweis, in dem die Nationalität deutlich vermerkt sein und der für Kinder ab zehn Jahren ein Lichtbild enthalten muss.

FAHRRADVERMIETUNG

An fast allen mittelgroßen Bahnhöfen können zu günstigen Tarifen Fahrräder gemietet werden, die man nicht unbedingt am selben Ort zurückgeben muss. Beim *VCS (Tel. 061/2649000, Fax 2649009)* können Sie Radwegkarten und Informationsmaterial beziehen.

GELD/BANKEN

Schweizer Geld besteht aus Münzen zu 5, 10, 20 und 50 Rappen (100 Rappen sind ein Franken), 1, 2 und 5 Franken. Darüber hinaus gibt es Noten zu 10,

20, 50, 100, 200, 500, 1000 und bald 2000 Franken.

Eurocheques werden bis zu einer Höhe von 300 Franken in den meisten Banken angenommen. Die Schalter sind von 8.30 bis 12.15 und 13.15 bis 16.30 Uhr geöffnet. Samstags und sonntags sind die Banken geschlossen. Auf den Bahnhöfen und Flughäfen haben die Geldwechselstuben deutlich länger und auch an den Wochenenden geöffnet. Zusätzlich können Sie Ihr Geld auch an den Rezeptionen großer Hotels wechseln. Selbstverständlich werden alle großen Kreditkarten akzeptiert.

Die Ein- und Ausfuhr von Landes- und Fremdwährung ist unbeschränkt zulässig.

GESUNDHEIT

Die Schweiz ist bekanntermaßen ein teures Pflaster, und somit sind auch die Arzt- und Krankenhauskosten horrend. Für ambulante Behandlungen kann von den Patienten ein Depot verlangt werden, am besten wird der Betrag jedoch bar oder mittels Kreditkarte beglichen. Die Krankenhäuser (Spitäler) rechnen in diesen Fällen grundsätzlich nicht mit ausländischen Krankenkassen ab. Bei längerem Spitalaufenthalt sieht dies natürlich anders aus. Deshalb empfehlen einige Konsulate gerade älteren Reisenden, eine Reiseversicherung abzuschließen. Sanitätsnotruf: 144

Prächtige Raddampfer fahren auf dem Vierwaldstätter See

Wer die Ferien oft in den Schweizer Bergen verbringt, hat die Möglichkeit, bei der Rettungsflugwacht *(Rega)* mit mindestens 30 Franken jährlich Gönnerstatus zu erlangen. Gönner werden im Notfall vom Rettungshelikopter gratis transportiert *(www.rega.ch)*. Notruf Rettungshelikopter: 1414

HAUSTIERE

Für Hunde und Katzen ist ein tierärztliches Impfzeugnis erforderlich, das nicht älter als zwölf Monate sein darf. Die Impfung gegen Tollwut muss spätestens dreißig Tage vor Reiseantritt erfolgen. Für andere Tiere muss schriftlich um eine Bewilligung des *Bundesamtes für Veterinärwesen, Schwarzenburgstraße 161, 3097 Bern-Liebefeld,* gebeten werden.

JUGENDHERBERGEN

In den circa 70 Schweizer Jugendherbergen stehen fast 7000 Betten bereit. Einen Platz bekommt, wer einen Jugendherbergs-Mitgliedsausweis vorlegt, bei Überfüllung haben unter 25-Jährige Vorrang. Mitglied wird man bei unten stehender Adresse. Die Kosten für eine Übernachtung mit Frühstück liegen je nach Saison zwischen 23 und 30 Franken. Eine Liste der Jugendherbergen nach Kantonen geordnet gibt es bei *Schweizer Jugendherbergen, Schaffhauserstr. 14, 8042 Zürich, Tel. 01/360 14 14, Fax 360 14 60, www.youthhostel.ch*

KLIMA

Meteorologen behaupten, die Schweiz sei klimatisch ein Europa im Kleinen. Es gibt nördliche Polarluft, atlantische Winde, eisiges Kontinentalklima und südliche Wärme vom Mittelmeer. Die abwechslungsreiche Bergwelt der Schweiz sorgt für rasche Witterungsumschwünge auf kleinem Raum. Besonders am Alpennordrand kommt es häufig zu Niederschlägen. Die geschützten Bergtäler bleiben nicht selten von Wind und Regen verschont, wenn das Wetter auf den Berggipfeln noch wütet. Eine Besonderheit, die man sonst nur noch in Süddeutschland und Österreich kennt, ist der Föhn. Er entsteht, wenn ein Tiefdruckgebiet über Frankreich warme Luft von Süden an die Alpen heranführt. Über den Bergen entsteht dann eine Wolkenwand, die sich auf ihrem Weg ins Tal auflöst. Besonders in den nördlichen Alpentälern kommt es dann häufig zu plötzlichen Temperaturanstiegen um bis zu zehn Grad, was Menschen mit Herz-, Kreislauf- und Schilddrüsenbeschwerden besonders belastet. Die Luft in den Hochtälern der Schweiz, besonders im Engadin, hat Heilwirkung. Die großen Tageszeitungen bringen kommentierte Wetterkarten. Sie geben z.B. an, auf welcher Höhe die Null-Grad-Grenze liegt – auch im Sommer.

POST

Öffnungszeiten: *zumeist Mo–Fr 7.30–12 und 14–18, Sa 8–11 Uhr.* Porto ins Ausland: bis 20 g A-Post 1,30; B-Post 1,20; bis 50 g A-Post 2,-; B-Post 1,70; bis 100 g A-Post 3,-; B-Post 2 Franken.

TELEFON

Wer in die Schweiz telefonieren will, muss die Vorwahl 00 41, die Ortsvorwahl ohne Null und die Rufnummer wählen. Wer aus der Schweiz ins Ausland wählen möchte, wählt *00 49* für *Deutschland* oder *00 43* für *Österreich.* Zum Telefonieren in der Zelle braucht man eine Taxcard, die es bei der Post oder an Kiosken gibt. Einige landesweite Kurzrufnummern: *111 – Inlandsauskunft, 120 – Schnee- und Skipistenbericht, 162 – Wetterprognose, 187 – Lawinenbulletin.*

ZOLL

In die Schweiz zollfrei eingeführt werden dürfen: 2 l Alkohol unter 15 % bzw. 1 l Alkohol über 15 % und 200 Zigaretten.

In die EU zollfrei eingeführt werden dürfen: 1 l Alkohol über 22 %, 200 Zigaretten oder 100 Zigarillos oder 50 Zigarren oder 250 g Tabak, 50 g Parfüm oder 250 g Eau de Toilette und andere Artikel im Gesamtwert von 350 Mark.

ZUG FAHREN

Im Eisenbahnland Schweiz ist es fast eine Sünde, sich dem Stress auf der Straße auszusetzen, zumal die Schweizerischen Bundesbahnen (SBB) attraktive Angebote machen. Mit dem Swiss Pass z.B. genießen Sie während

4, 8, 15, 21 oder 30 Tagen (230 bis 500 Franken) freie Fahrt auf fast dem gesamten Schienennetz, den Straßenbahnen und Bussen von 36 Städten und deutliche Ermäßigungen auf vielen Bergbahnen und Panoramastrecken. Dasselbe gilt für die Swiss Card (1 Monat, 150 Franken), nur dass Sie damit einfach alles zum halben Preis erhalten. Mit dem Swiss Flexi Pass (1 Monat, 220–430 Franken) erhalten Sie die Leistungen des Swiss Pass an drei bis neun frei wählbaren Tagen. Für Kinder gibt es weitere Vergünstigungen. Die Züge fahren oft, sind bequem und pünktlich! *Tel. 0900 300 300*

Einen besonderen Service bietet der rollende Verpflegungsservice der Schweizer Bahnhofswirte *mini Buffet*: Für ihre Reise können sich Gruppen Frühstück, kalte Mahlzeiten oder ein Lunchpaket unter *031/310 48 50* vorbestellen.

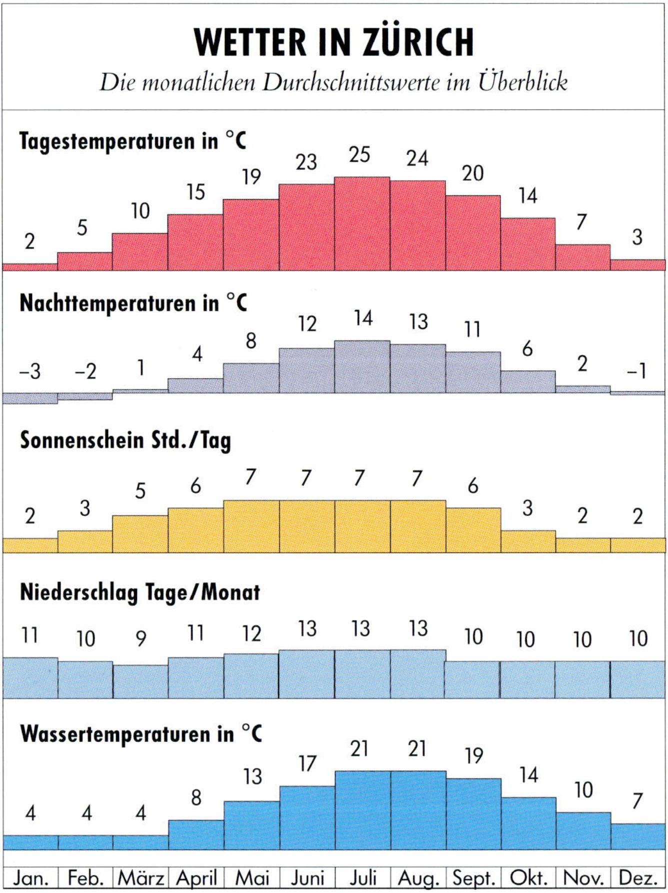

Bloß nicht!

Was Sie vermeiden und worauf Sie achten sollten, denn die Schweizer sind nicht ganz einfach zu nehmen

Es besser wissen
Versuchen Sie nicht unbedingt, einem Schweizer beizubringen, wie er etwas anzupacken hat, denn er weiß meist sehr genau, was zu tun und zu lassen ist. Und scheint dies etwas kompliziert, so wartet der Schweizer zuallerletzt auf einen vermeintlichen Tipp eines besserwisserischen »Schwaben«, wie er in schöner Überheblichkeit die Deutschen zu nennen pflegt.

Ungeduldig werden
Dass bei den Schweizern im Allgemeinen alles ein wenig länger dauert als anderswo, ist weithin bekannt. Geben Sie Ihren Gastgebern daher nicht zu verstehen, dass Sie ungeduldig auf eine Antwort warten. Denn wenn Sie hektisch oder nervös werden, können Sie lange darauf hoffen, dass Sie vom Angesprochenen etwa den Weg zur hohlen Gasse gewiesen bekommen.

Gasthaus erfragen
Wenn Sie in einem Hotel mit angeschlossenem Restaurant abgestiegen sind, sollten Sie nicht nach einem empfehlenswerten Gasthaus im Ort fragen. Denn da auch die Hotelrestaurants in der Schweiz überdurchschnittlich gut sind, wird sich der Hotelier an seiner Ehre gepackt fühlen. Wenn Sie jedoch keine Lust auf die hauseigene Gaststube haben, gehen Sie auf Erkundungsgang, oder fragen Sie einfach einen Passanten. Er wird Ihnen nach Schweizer Art gern helfen – auch wenn es, siehe oben, etwas dauern sollte.

Sprache nachahmen
Auch wenn es vielleicht höflich wäre, versuchen Sie nicht, den krächzenden Ton des Schweizerdeutsch nachzuahmen. Der Schweizer wird nämlich gewiss annehmen, Sie wollen ihn veralbern. Ein paar Begriffe gibt es allerdings, die Sie aus dem Sprachgebrauch für die Zeit Ihres Aufenthalts durchaus übernehmen und benutzen können: »Exgüsee« beispielsweise für eine Entschuldigung oder »Grüezi« als gebräuchliche Begrüßung und das gemütliche »Adiöö« zum Abschied. In der französischen bzw. italienischen Schweiz können Sie sich allerdings durch ein paar Brocken in der Landessprache die Sympathien Ihrer Gesprächspartner erobern.

Demokratieverständnis anzweifeln
Versuchen Sie nicht, einem Schweizer zu erklären, was De-

mokratie ist. Zum einen glaubt er nämlich, sie allein erfunden zu haben, zum anderen ist sie wirklich derart bunt und lebendig, dass sie mit ihrer föderalistischen Struktur gut und gerne der eher schwerfälligen EU ein Beispiel sein könnte.

Verkehrsschilder missachten
Die Schweizer Polizei ahndet jeden Verstoß gegen die Verkehrsordnung. Besonders Geschwindigkeitsbegrenzungen sollten Sie überall und jederzeit strikt einhalten – selbst wenn Schweizer mit ihren Verkehrsmitteln deutlich zu schnell an Ihnen vorbeiziehen.

Zugverspätung erhoffen
Setzen Sie bei einer gehetzten Ankunft am Bahnhof nicht auf die Hoffnung, dass Ihr Zug wegen einer anderen Verspätung möglicherweise doch noch wartend am Gleis steht.

König spielen
Zwar war der Gast in den letzten Jahren schon lange nicht mehr überall König. Deutlich sinkende Frequenzen fördern aber nun die Rückbesinnung auf gute, solide Gastgeberkultur. Führen Sie sich trotzdem nicht so auf, als hätten Sie das Hotel gekauft oder den Skilift für sich gepachtet. In der Schweiz stößt solch ein Verhalten übel auf.

Schneeketten vergessen
Wenn Sie im Winter in die Schweiz reisen, sollten Sie unbedingt Schneeketten im Kofferraum haben. Wenn Sie indessen ohne fahren, gehen Sie das Risiko ein, dass es nach starkem Schneefall selbst in den Tälern unmöglich für Sie wird, weiterzufahren.

Wild zelten
Wer sein Zelt in der freien Landschaft aufstellt, muss mit einer Strafe rechnen. Auch Wohnmobile dürfen nicht einfach am Straßenrand abgestellt werden. Auf eigens ausgewiesenen Parkplätzen ist eine Übernachtung lediglich auf dem Weg zum Campingplatz erlaubt.

Über EU-Beitritt diskutieren
Nachdem im Dezember 1992 der Souverän (das mittels Urnenabstimmung entscheidende Stimmvolk) mit hauchdünner Mehrheit sogar den Beitritt zum Europäischen Wirtschaftsraum (EWR) abgelehnt hat, ist die Diskussion über einen EU-Beitritt noch kontroverser, und daran hat auch das im Mai 2000 eingelegte Ja des Stimmvolks zu den bilateralen Verträgen mit der EU nichts geändert. Da ärgern sich nicht nur die eher europafreundlichen und oft von den Deutschschweizern überstimmten Welschschweizer, sondern der Graben geht quer durch die politische Landschaft: Die Rechten haben Überfremdungsängste, suchen aber der Wirtschaft zuliebe trotzdem nach Möglichkeiten, mit der EU ins Geschäft zu kommen. Die Linken haben ökologische und soziale Bedenken, fürchten eine gigantische Verkehrslawine und bangen um die Arbeitsplätze. Zugleich plädieren sie aber auch für die Öffnung und die Überwindung des engstirnig nationalen Denkens. Wer sich also in die Nesseln setzen will, der bringe am Kneipentisch die EU ins Gespräch.

Sprechen und Verstehen ganz einfach

Zur Erleichterung der Aussprache sind alle französischen Wörter mit einer einfachen Aussprache (in eckigen Klammern) versehen.

AUF EINEN BLICK

Ja./Nein.	Oui. [ui]/Non. [nong]
Vielleicht.	Peut-être [pöhtätr]
Bitte.	S'il vous plaît. [sil wu plä]
Danke.	Merci. [märsi]
Gern geschehen.	De rien. [dö rjäng]
Entschuldigen Sie!	Excusez-moi! [äksküseh mua]
Wie bitte?	Comment? [kommang]
Ich verstehe Sie/dich nicht.	Je ne comprends pas. [schön kongprang pa]
Ich spreche nur wenig Französisch.	Je parle un tout petit peu français. [schparl äng tu pti pöh frangsä]
Können Sie mir bitte helfen?	Vous pouvez m'aider, s.v.p.? [wu puweh mehdeh sil wu plä]
Sprechen Sie Deutsch/Englisch?	Vous parlez allemand/anglais? [wu parleh almang/anglä]
Ich möchte …	J'aimerais … [schämrä]
Das gefällt mir nicht.	Ça ne me plaît pas. [sa mö plä pa]
Haben Sie …?	Vous avez …? [wus‿aweh]
Wie viel kostet es?	Combien ça coûte? [kongbjäng sa kut]
Wie viel Uhr ist es?	Quelle heure est-il? [käl‿ör ät‿il]

KENNEN LERNEN

Guten Morgen/Tag!	Bonjour! [bongschur]
Guten Abend!	Bonsoir! [bongsuar]
Hallo!/Grüß dich!	Salut! [salü]
Wie ist Ihr Name, bitte?	Comment vous appelez-vous? [kommang wus‿apleh wu]
Wie heißt du?	Comment tu t'appelles? [kommang tü tapäl]
Wie geht es Ihnen/dir?	Comment allez-vous/vas-tu? [kommangt‿aleh wu/wa tü]
Danke. Und Ihnen/dir?	Bien, merci. Et vous-même/toi? [bjäng märsi. eh wu mäm/tua]
Auf Wiedersehen!	Au revoir! [oh röwuar]
Tschüss!	Salut! [salü]

Auskunft

links/rechts	à gauche [a gohsch]/à droite [a druat]
geradeaus	tout droit [tu drua]
nah/weit	près [prä]/loin [luäng]
Bitte, wo ist …?	Pardon, où se trouve …, s.v.p.? [pardong, us truw … sil wu plä]
Wie weit ist das?	C'est à combien de kilomètres d'ici? [sät‿a kongbjängd kilomätrö disi]
Welches ist der kürzeste Weg nach/zu …?	Quel est le chemin le plus court pour aller à …? [käl‿äl schömäng lö plü kur pur aleh a]

Panne

Ich habe eine Panne.	Je suis en panne. [schö süis‿ang pan]
Würden Sie mir bitte einen Abschleppwagen schicken?	Est-ce que vous pouvez m'envoyer une dépanneuse, s.v.p.? [äs‿kö wu puweh mangwuajeh ün dehpanöhs sil wu plä]
Gibt es hier in der Nähe eine Werkstatt?	Est-ce qu'il y a un garage près d'ici? [äs‿kil‿ja äng garasch prä disi]
… ist defekt.	… est défectueux. [… ä dehfäktüöh]

Tankstelle

Wo ist bitte die nächste Tankstelle?	Pardon, Mme/Mlle/M., où est la station-service la plus proche, s.v.p.? [pardong madam/madmuasäl/mösjöh u ä la stasjong särwis la plü prosch sil wu plä]
Ich möchte … Liter.	… litres, s'il vous plaît. [litrö sil wu plä]
Super.	Du super. [dü süpär]
Diesel.	Du gas-oil. [dü gasual]
bleifrei/mit … Oktan.	Du sans-plomb/… octanes. [dü sang plong/ … oktan]
Voll tanken, bitte.	Le plein, s.v.p. [lö pläng sil wu plä]

Unfall

Hilfe!	Au secours! [oh skur]
Achtung!	Attention! [atangsjong]
Rufen Sie bitte schnell …	Appelez vite … [apleh wit]
… einen Krankenwagen.	… une ambulance. [ün‿angbülangs]
… die Polizei.	… la police. [la polis]
… die Feuerwehr.	… les pompiers. [leh pongpjeh]
Es war meine Schuld.	C'est moi qui suis en tort. [sä mua ki süis‿ang torr]
Es war Ihre Schuld.	C'est vous qui êtes en tort. [sä wu ki äts‿ang torr]
Geben Sie mir bitte Ihren Namen und Ihre Anschrift!	Vous pouvez me donner votre nom et votre adresse? [wu puweh mö donneh wottrö nong eh wottr‿adräs]

ESSEN/UNTERHALTUNG

Wo gibt es hier …	Pourriez vous m'indiquer… [wu purjeh mängdikeh]
… ein gutes Restaurant?	… un bon restaurant? [äng bong rästorang]
… ein nicht zu teures Restaurant?	… un restaurant pas trop cher? [äng rästorang pa troh schär]
Gibt es hier eine gemütliche Kneipe?	Y-a-t'il un café (bistrot) sympa, dans le coin? [jatihl äng kafeh (bistroh) sängpa dang lö kuäng]
Reservieren Sie uns bitte für heute Abend einen Tisch für 4 Personen.	Je voudrais réserver une table pour ce soir, pour quatre personnes. [schwudrä räsehrweh ün tablö pur sö suar pur kat pärsonn]
Wo sind bitte die Toiletten?	Où sont les W.-C., s.v.p.? [u song leh wehseh sil wu plä]
Auf Ihr Wohl!	A votre santé!/A la vôtre! [a wottr sangteh/a la wohtr]
Bezahlen, bitte.	L'addition, s.v.p. [ladisjong sil wu plä]
Hat es geschmeckt?	C'était bon? [sehtä bong]
Das Essen war ausgezeichnet.	Le repas était excellent. [lö röpa ehtät‿äksälang]

ÜBERNACHTUNG

Können Sie mir bitte … empfehlen?	Pardon, Mme/Mlle/M., vous pourriez recommander …? [pardong madam/madmuasäl/mösjöh wu purjeh rökommangdeh]
… ein gutes Hotel	… un bon hôtel [äng bonn‿ohtäl]
… eine Pension	… une pension de famille [ün pangsjongd famij]
Haben Sie noch …?	Est-ce que vous avez encore …? [äs‿kö wus‿aweh angkorr]
… ein Einzelzimmer	… une chambre pour une personne [ün schangbr pur ün pärsonn]
… ein Zweibettzimmer	… une chambre pour deux personnes [ün schangbr pur döh pärsonn]
… mit Bad	… avec salle de bains [awäk sal dö bäng]
… für eine Nacht	… pour une nuit [pur ün nüi]
… für eine Woche	… pour une semaine [pur ün sömän]
Was kostet das Zimmer mit …	Quel est le prix de la chambre, … [käl‿ä lö prid la schangbr]
… Frühstück?	… petit déjeuner compris? [pti dehschöneh kongpri]
… Halbpension?	… en demi-pension? [ang dmi pangsjong]

Arzt

Können Sie mir einen guten Arzt empfehlen?	Pourriez vous recommander un bon médecin, s.v.p.? [wu purjeh rökommangdeh äng bong mehdsäng sil wu plä]
Ich habe hier Schmerzen.	J'ai mal ici. [scheh mal isi]

Bank

Wo ist hier bitte …	Pardon, je cherche … [pardong schö schärsch]
… eine Bank?	… une banque. [ün bangk]
… eine Wechselstube?	… un bureau de change. [äng bürohd schangsch]
Ich möchte … DM (Schilling) in Franken wechseln.	Je voudrais changer … marks (schilling) en francs suisses. [schwudrä schangscheh … mark (schiling) ang frang süis]

Post

Was kostet …	Quel est le tarif pour affranchir … [käl‿ä lö tarif pur afrangschir]
… ein Brief …	… des lettres … [deh lätr]
… eine Postkarte …	… des cartes postales … [deh kart postal]
… nach Deutschland?	… pour l'Allemagne? [pur lalmanj]

Zahlen

0	zéro [sehroh]	20	vingt [wäng]
1	un, une [äng, ühn]	21	vingt et un, une [wängt‿eh äng, ühn]
2	deux [döh]		
3	trois [trua]	22	vingt-deux [wängt döh]
4	quatre [katr]	30	trente [trangt]
5	cinq [sängk]	40	quarante [karangt]
6	six [sis]	50	cinquante [sängkangt]
7	sept [sät]	60	soixante [suasangt]
8	huit [üit]	70	soixante-dix [suasangt dis]
9	neuf [nöf]	80	quatre-vingt [katrö wäng]
10	dix [dis]	90	quatre-vingt-dix [katrö wäng dis]
11	onze [ongs]		
12	douze [dus]	100	cent [sang]
13	treize [träs]	200	deux cents [döh sang]
14	quatorze [kators]	1000	mille [mil]
15	quinze [kängs]	2000	deux mille [döh mil]
16	seize [säs]	10000	dix mille [di mil]
17	dix-sept [disät]		
18	dix-huit [disüit]	1/2	un demi [äng dmi]
19	dix-neuf [disnöf]	1/4	un quart [äng kar]

Carte

Speisekarte

PETIT DEJEUNER	FRÜHSTÜCK
café noir [kafeh nuar]	schwarzer Kaffee
café au lait [kafeh oh lä]	Kaffee mit Milch
décaféiné [dehkafäineh]	koffeinfreier Kaffee
thé au lait/au citron [teh oh lä/oh sitrong]	Tee mit Milch/Zitrone
tisane [tisan]	Kräutertee
chocolat [schokola]	Schokolade
jus de fruit [schüd früi]	Fruchtsaft
œuf mollet [öf mollä]	weiches Ei
œufs brouillés [öh brujeh]	Rühreier
œufs au plat avec du lard [öh oh pla awäk dü lar]	Eier mit Speck
pain/petits pains/toast [päng/pti päng/tohst]	Brot/Brötchen/Toast
croissant [kruasang]	Hörnchen
beurre [bör]	Butter
fromage [frommasch]	Käse
charcuterie [scharkütri]	Wurst, Aufschnitt
saucisson [sohsisong]	Wurst
jambon [schangbong]	Schinken
miel [mjäl]	Honig
confiture [kongfitür]	Marmelade
yaourt [jaur]	Joghurt
fruits [früi]	Obst

SOUPES ET HORS-D'ŒUVRES	SUPPEN UND VORSPEISEN
bisque d'écrevisses [bisk dehkröwis]	Krebssuppe
consommé de poulet [kongsommehd pulä]	Hühnersuppe
crudités [krüditeh]	Rohkostteller
cuisses de grenouilles [küiss dö grönuij]	Froschschenkel
escargots [äskargoh]	Schnecken
foie gras [fua grah]	Stopfleber (Gans oder Ente)
pâté de campagne [patehd kangpanj]	Bauernpastete
pâté de foie [patehd fua]	Leberpastete
quenelles (de brochet) [könäll (dö broscheh)]	(Hecht-)Klößchen
saumon fumé [sohmong fümeh]	Räucherlachs
soupe à l'oignon [sup a luanjong]	Zwiebelsuppe

VIANDES	FLEISCH
agneau [anjoh]	Lammfleisch
bien cuit [bjäng küi]	durchgebraten
bifteck [bifták]	Steak
bœuf [böf]	Rindfleisch
boudin [budäng]	Blutwurst
brochette [broschätt]	Spieß
choucroute garnie [schukrut garni]	Sauerkraut mit Fleisch und Würsten
côte de bœuf [koht dö böf]	Rindskotelett
escalope de veau [äskalopp dö woh]	Kalbschnitzel
filet de bœuf [filäd böf]	Rinderfilet
foie [fua]	Leber
gigot d'agneau [schigoh danjoh]	Lammkeule
grillades [grijad]	Grillplatte
jarret [scharreh]	Haxe
moelle [mual]	Mark
porc [porr]	Schweinefleisch
ris de veau [rih dö woh]	Kalbsbries
rognons [ronnjong]	Nieren
rôti [roti]	Braten
saignant [sängjang]	blutig
sauté de veau [sohtehd woh]	Kalbsragout
steak au poivre [stäk‿oh puawr]	Pfeffersteak
steak tartare [stäk tartar]	Tatar
tripes [trihp]	Kutteln
veau [woh]	Kalbfleisch

VOLAILLES ET GIBIER	GEFLÜGEL UND WILD
canard [kanar]	Ente
cuissot de chevreuil [küisohd schöwröj]	Rehkeule
coq au riesling [kokoh risling]	Hahn mit Riesling
lapin chasseur [lapäng schasör]	Kaninchen nach Jägerart
oie aux marrons [ua oh marong]	Gans mit Maronenfüllung
poulet rôti [puleh roti]	Brathähnchen
sanglier [sanglijeh]	Wildschwein

POISSONS, CRUSTACES ET COQUILLAGES	FISCHE, KRUSTEN- UND SCHALTIERE
carpe [karp]	Karpfen
matelote [matölott]	Ragout aus Süßwasserfischen
perche [pärsch]	Barsch
petite friture [pötit fritür]	gebratene kleine Fische
rouget [ruscheh]	Rotbarbe
sandre [sangdr]	Zander

sole [soll]	Seezunge
truite meunière [trüit möhnjär]	Forelle Müllerin
turbot [türboh]	Steinbutt
crevettes [kröwät]	Garnelen, Krabben
homard [ommar]	Hummer
huîtres [üitr]	Austern
moules [mul]	Miesmuscheln
plateau de fruits de mer [platoh dö früi dö mär]	Meeresfrüchteplatte

LEGUMES/PATES/RIZ	GEMÜSE/TEIGWAREN/REIS
ail [aij]	Knoblauch
artichaut [artischoh]	Artischocke
asperges [aspärsch]	Spargel
cèpes [sähp]	Steinpilze
choucroute [schukrut]	Sauerkraut
chou farci [schu farsi]	Kohlroulade
chou-fleur [schuflör]	Blumenkohl
épinards [ehpinar]	Spinat
frites [friht]	Pommes frites
girolles [schiroll]	Pfifferlinge
haricots (verts) [arikoh (währ)]	(grüne) Bohnen
lentilles [langtij]	Linsen
nouilles [nuj]	Nudeln
oignons [uanjong]	Zwiebeln
petits pois [pti pua]	Erbsen
poireaux [puaroh]	Lauch
poivrons [puawrong]	Paprika
pommes dauphine/duchesse [pom dohfin/düschäs]	Kartoffelkroketten
pommes de terre [pomm dö tähr]	Kartoffeln
pommes de terre sautées [pom dö tär sohteh]	Bratkartoffeln
pommes natures [pomm natür]	Salzkartoffeln
tomates [tomat]	Tomaten

DESSERTS ET FROMAGES	NACHSPEISEN UND KÄSE
flan [flang]	Karamellpudding
fromage blanc [frommasch blang]	feiner Quark
fromage de chèvre [frommasch dö schäwr]	Ziegenkäse
gâteau [gatoh]	Kuchen
glace [glas]	Eis
parfait [parfä]	Halbgefrorenes
pâtisserie maison [patisri mäsong]	Gebäck nach Art des Hauses
sorbet [sorbeh]	Fruchteis
tarte aux pommes [tart oh pomm]	Apfelkuchen

FRUITS	OBST
abricots [abrikoh]	Aprikosen
cerises [söris]	Kirschen
fraises [fräs]	Erdbeeren
framboises [frangbuas]	Himbeeren
macédoine de fruits [masehduan dö früi]	Fruchtsalat
myrtilles [mürtij]	Heidelbeeren
pêches [päsch]	Pfirsiche
poires [puar]	Birnen
pommes [pomm]	Äpfel
prunes [prün]	Pflaumen
raisin [räsäng]	Trauben

Liste des Consommations

Getränkekarte

VIN	WEIN
un (verre de vin) rouge [äng (wär dö wäng) rusch]	ein Glas Rotwein
un quart de vin blanc [äng kar dö wäng blang]	ein Viertel Weißwein
un pichet de rosé [äng pischäd rohseh]	ein Krug (20 bis 50 cl) Roséwein
vendange tardive [wangdangsch tardiw]	Spätlese

BIERE	BIER
bière pression [bjär presjong]	Bier vom Fass
- blonde [blongd]	- helles
- brune [brühn]	- dunkles
bière bouteille [bjär butäj]	Flaschenbier
panaché [panascheh]	Bier mit Limonade

SANS ALCOOL	ALKOHOLFREI
bière sans alcool [bjär sangs‿alkol]	alkoholfreies Bier
eau minérale [oh minehral]	Mineralwasser
jus de fruits [schüd früi]	Fruchtsaft
jus d'orange [schü dorangsch]	Orangensaft
lait [lä]	Milch
limonade [limonad]	Limonade

Sprechen und Verstehen ganz einfach

Zur Erleichterung der Aussprache:

c, cc	vor »e, i« wie deutsches »tsch« in deutsch, Bsp.: die**c**i, sonst wie »k«
ch, cch	wie deutsches »k«, Bsp.: pa**cch**i, **ch**e
ci, ce	wie deutsches »tsch«, Bsp.: **ci**ao, **ci**occolata
g, gg	vor »e, i« wie deutsches »dsch« in Dschungel, Bsp.: **g**ente
gl	ungefähr wie in »Familie«, Bsp.: fi**gl**io
gn	wie in »Kognak«, Bsp.: ba**gn**o
sc	vor »e, i« wie deutsches »sch«, Bsp.: u**sc**ita
sch	wie in »Skala«, Bsp.: I**sch**ia
sci	vor »a, o, u« wie deutsches »sch«, Bsp.: la**sci**are
z	immer stimmhaft wie »ds«

Die Betonung liegt bei den meisten mehrsilbigen Wörtern auf der vorletzten Silbe: ristorạnte, venịre. Abweichungen werden in diesem Sprachführer durch einen Punkt unter dem betonten Vokal angegeben.

AUF EINEN BLICK

Ja./Nein.	Sì./No.
Vielleicht.	Forse.
Bitte./Danke.	Per favore./Grạzie.
Vielen Dank!	Tante grạzie.
Gern geschehen.	Non c'è di che!
Entschuldigen Sie!	Scusi!
Wie bitte?	Come dice?
Ich verstehe Sie/dich nicht.	Non La/ti capisco.
Ich spreche nur wenig …	Parlo solo un po' di …
Können Sie mir bitte helfen?	Mi può aiutare, per favore?
Ich möchte …	Vorrei …
Das gefällt mir (nicht).	(Non) mi piace.
Haben Sie …?	Ha …?
Wie viel kostet es?	Quanto costa?
Wie viel Uhr ist es?	Che ore sono?/Che ora è?

KENNEN LERNEN

Guten Morgen!/Tag!	Buon giọrno!
Guten Abend!	Buọna sera!
Gute Nacht!	Buọna notte!
Hallo!/Grüß dich!	Cịao!
Wie geht es Ihnen/dir?	Come sta?/Come stai?
Danke. Und Ihnen/dir?	Bene, grạzie. E Lei/tu?
Auf Wiedersehen!	Arrivedẹrci!
Tschüss!	Cịao!
Bis bald!	A presto!
Bis morgen!	A domani!

UNTERWEGS

Auskunft

links/rechts	a sinistra/a destra
geradeaus	diritto
nah/weit	vicino/lontano
Wie weit ist das?	Quanti chilọmetri sono?
Ich möchte … mieten.	Vorrei noleggiạre …
… ein Auto	… una mạcchina.
… ein Fahrrad	… una bicicletta.
… ein Boot	… una barca.
Bitte, wo ist …?	Scusi, dov'è …?
der Bahnhof	la staziọne
die Haltestelle	la fermạta
der Anleger	l'imbarcatọio
Zum … Hotel.	All'albergo …

Panne

Ich habe eine Panne.	Ho un guạsto.
Würden Sie mir einen Abschleppwagen schicken?	Mi potrebbe mandare un carro-attrezzi?
Gibt es hier in der Nähe eine Werkstatt?	Scusi, c'è un'officina qui vicino?
Würden Sie mir mit Benzin aushelfen?	Mi potrebbe dare un po' di benzina, per favore?

Tankstelle

Wo ist bitte die nächste Tankstelle?	Dov'è la prọssima staziọne di servịzio, per favore?
Ich möchte … Liter …	Vorrei … litri di …
… Normalbenzin.	… benzina normale.
… Super./… Diesel.	… super./… gasọlio.
… bleifrei/… verbleit.	… senza piọmbo (verde)/ … con piọmbo.
…mit … Oktan.	… a … ottani.
Voll tanken, bitte.	Il piẹno, per favore.

Unfall

Hilfe!	Aiụto!
Achtung!/Vorsicht!	Attenziọne!
Rufen Sie bitte schnell …	Chiạmi sụbito …
… einen Krankenwagen.	… un'ambulanza.
… die Polizei.	… la polizia.
… die Feuerwehr.	… i vịgili del fuọco.
Haben Sie Verbandszeug?	Ha materiale di pronto soccorso?
Es war meine Schuld.	È stata colpa mia.
Es war Ihre Schuld.	È stata colpa Sua.
Geben Sie mir bitte Ihren Namen und Ihre Anschrift!	Mi dịa il Suo nome e indirizzo, per favore!

ESSEN/UNTERHALTUNG

Wo gibt es hier …	Scusi, mi potrebbe indicare …
… ein gutes Restaurant?	… un buon ristorante?
… ein typisches Restaurant?	… un locale tịpico?
Gibt es in der Nähe eine Eisdiele?	C'è una gelateria qui vicino?
Reservieren Sie uns bitte für heute Abend einen Tisch für 4 Personen.	Ci può prenotạre un tạvolo per quạttro persọne per stasẹra ?
Auf Ihr Wohl!	Salute!
Bezahlen, bitte.	Il conto, per favore.
Hat es geschmeckt?	Andava bene?
Das Essen war ausgezeichnet.	(Il mangiare) era eccellente.
Haben Sie einen Veranstaltungskalender?	Ha un programma delle manifestaziọni?

EINKAUFEN

Wo finde ich …?	Dove c'è …?
eine Apotheke	una farmacịa
eine Bäckerei	un panifịcio
ein Fotogeschäft	un negozio di artịcoli fotogrạfici
ein Kaufhaus	un grande magazzino
ein Lebensmittelgeschäft	un alimentari
den Markt	il mercato
den Supermarkt	il supermercato
einen Tabakladen	un tabaccaio
einen Zeitungshändler	un giornalạio

ÜBERNACHTUNG

Können Sie mir bitte … empfehlen?	Scusi, potrebbe consigliarmi …
… ein Hotel	… un albergo?
… eine Pension	… una pensiọne?
Ich habe bei Ihnen ein Zimmer reserviert.	Ho prenotato una cạmera.
Haben Sie noch …?	È lịbera …?
… ein Einzelzimmer	… una sịngola
… ein Zweibettzimmer	… una dọppia
… mit Dusche/Bad	… con doccia/bagno
… für eine Nacht	… per una notte
… für eine Woche	… per una settimana
… mit Blick auf die Berge	… con vista sụlla montạgna
Was kostet das Zimmer …	Quanto costa la cạmera …
… mit Frühstück?	… con la prima colaziọne?
… mit Halbpension?	… a mezza pensiọne?

Arzt

Können Sie mir einen guten Arzt empfehlen?	Mi può consigliạre un buon mẹdico?
Ich habe Durchfall.	Soffro di diarrẹa.
Ich habe Fieber.	Ho la febbre.
… Kopfschmerzen.	… mal di testa.
… Zahnschmerzen.	… mal di denti.
… Schmerzen.	… dolori.
… Husten.	… tosse.

Bank

Wo ist bitte …	Scusi, dove posso trovare …
… eine Bank?	… una banca?
… eine Wechselstube?	… un'agenzịa di cạmbio?
Ich möchte diese … DM (Schilling) in Franken wechseln.	Vorrei cambiạre questi marchi (scellini) in franchi.

Post

Was kostet ein Brief …	Quanto costa una lẹttera …
… eine Postkarte …	… una cartolina …
nach Deutschland?	per la Germạnia?

Zahlen

0	zero	19	diciannove
1	uno	20	venti
2	due	21	ventuno
3	tre	30	trenta
4	quattro	40	quaranta
5	cinque	50	cinquanta
6	sei	60	sessanta
7	sette	70	settanta
8	otto	80	ottanta
9	nove	90	novanta
10	diẹci	100	cento
11	ụndici	101	centoụno
12	dọdici	200	duecento
13	trẹdici	1000	mille
14	quattọrdici	2000	duemila
15	quịndici	10000	diecimila
16	sẹdici		
17	diciassette	1/2	un mezzo
18	diciọtto	1/4	un quarto

Carte
Speisekarte

PRIMA COLAZIONE	FRÜHSTÜCK
caffè, espresso	kleiner, starker Kaffee ohne Milch
caffè macchiato	kleiner, starker Kaffee mit wenig Milch
caffellatte	Kaffee mit Milch
caffè decaffeinizzato	koffeinfreier Kaffee
cappuccino	Kaffee mit aufgeschäumter Milch
tè al latte/al limone	Tee mit Milch/Zitrone
tè alla menta/alla frutta	Pfefferminz-/Früchtetee
tisana	Kräutertee
cioccolata	Schokolade
spremuta	frisch gepresster Fruchtsaft
succo di frutta	Fruchtsaft
frittata	Omelett/Pfannkuchen
uovo alla coque	weiches Ei
uova al tegame	Spiegeleier
uova sode	harte Eier
uova strapazzate	Rühreier
pane/panino/pane tostato	Brot/Brötchen/Toast
cornetto	Hörnchen
burro	Butter
formaggio	Käse
salame	Wurst
prosciutto	Schinken
miele	Honig
marmellata	Marmelade
iogurt	Joghurt
della frutta	etwas Obst

ANTIPASTI/MINESTRE	VORSPEISEN/SUPPEN
acciughe	Sardellen
affettato misto	gemischter Aufschnitt
anguilla affumicata	Räucheraal
carciofini sott'olio	Artischockenherzen in Öl
funghi sott'olio	Pilze in Öl
melone e prosciutto	Melone mit Schinken
minestrone	dicke Gemüsesuppe
pastina in brodo	Fleischbrühe mit feinen Nudeln
vitello tonnato	kalter Kalbsbraten mit Thunfischcreme
zuppa di pesce	Fischsuppe

PRIMI PIATTI	NUDEL- UND REISGERICHTE
pasta	Nudeln
... al burro/in bianco	... mit Butter
... alla napoletana/al pomodoro	... mit Tomatensoße (ohne Fleisch)
... alla bolognese/al ragù	... mit Tomatensoße (mit Fleisch)
... alle vọngole	... mit kleinen Muscheln
... alla carbonara	... mit Ei, Speck und Sahne
... alla panna	... mit Sahne
... aglio e olio	... mit Knoblauch und Öl
... alla puttanesca	... mit Tomatensoße, Oliven und sehr scharfen Gewürzen
fettuccine/tagliatelle	Bandnudeln
agnolotti/raviọli/tortellini	gefüllte Teigtaschen
vermicelli	Fadennudeln
gnocchi	kleine Kartoffelklößchen
polenta (alla valdostana)	Maisbrei (mit Schmelzkäse)
risotto alla milanese	Reisgericht mit Safran

CARNI E PESCE	FLEISCH UND FISCH
agnello	Lamm
ai ferri/alla griglia	vom Grill
ạnitra	Ente
aragosta	Languste
brasato	Braten
coda di rospo	Seeteufel
conịglio	Kaninchen
cozze/vọngole	Miesmuscheln/ kleine Muscheln
fẹgato	Leber
fritto di pesce	gebackene Fischchen
gạmbero, grạnchio	Krebs, Krabbe
maiạle	Schweinefleisch
manzo/bue	Rind-/Ochsenfleisch
ossobuco	Kalbshaxenscheibe mit Soße
pesce spada	Schwertfisch
platessa	Scholle
pollo	Huhn
rognoni	Nieren
salmone	Lachs
scampi fritti	frittierte Garnelen
sọgliola	Seezunge
spezzatino	Geschnetzeltes/Gulasch
tonno	Thunfisch
trota	Forelle
vitello	Kalbfleisch

VERDURA E INSALATE	GEMÜSE UND SALATE
asparagi	Spargel
carciọfi	Artischocken
carote	Möhren, Karotten
cavolfiọre	Blumenkohl
cạvolo	Kohl
cicọria belga	Chicorée
cipolle	Zwiebeln
fagiọli	weiße Bohnen
fagiolini	grüne Bohnen
finocchio	Fenchel
funghi	Pilze
insalata mista	gemischter Salat
insalata verde	grüner Salat
lenticchie	Linsen
melanzane	Auberginen
patate	Kartoffeln
patatine fritte	Pommes frites
peperoni	Paprika
piselli	Erbsen
pomodori	Tomaten
sẹdano	Sellerie
spinaci	Spinat
zucca	Kürbis

FORMAGGI	KÄSE
parmigiạno	Parmesankäse
pecorino	Schafskäse
ricotta	quarkähnlicher Frischkäse

DOLCI E FRUTTA	NACHSPEISEN UND OBST
albicocca	Aprikose
angụria/cocomero	Wassermelone
arạncia	Orange
cassata	Eisschnitte mit kandierten Früchten
ciliẹgie	Kirschen
coppa assortita	gemischter Eisbecher
coppa con panna	Eisbecher mit Sahne
fichi	Feigen
fragole	Erdbeeren
gelato	Eis
lamponi	Himbeeren
macedọnia	Obstsalat
mela	Apfel
melone/popone	Honigmelone

nocciola	Haselnuss(-Eis)
pera	Birne
pesca	Pfirsich
prugna/susina	Pflaume
tirami su	Löffelbiskuit mit Kaffee und Mascarpone-Creme
uva	Trauben
vaniglia	Vanilleeis
zabaione	Eierschaumcreme
zuppa inglese	Biskuit mit Vanillecreme

Lista delle bevande

Getränkekarte

BEVANDE	GETRÄNKE
acqua minerale	Mineralwasser
amabile	lieblich
amaro	Magenbitter
aranciata	Orangeade
bibita	Erfrischungsgetränk
bicchiere	Glas
birra scura/chiara	dunkles/helles Bier
birra alla spina	Bier vom Fass
birra senza alcool	alkoholfreies Bier
bottiglia	Flasche
con ghiaccio	mit Eis
digestivo	Digestif
frappé/frullato	Milchmixgetränk (oft mit Eis)
gassata/con gas	mit Kohlensäure
grappa	Tresterschnaps
limonata	Limonade
liquore	Likör
liscia/senza gas	pur/ohne Kohlensäure
secco	trocken
spremuta di arancia	frisch gepresster Orangensaft
spumante	Sekt
succo di frutta/di mele	Frucht-/Apfelsaft
succo di pomodoro	Tomatensaft
vino bianco/rosato/rosso	Weiß-/Rosé-/Rotwein
vino della casa	Hauswein
vino frizzante	moussierender Wein
vino sfuso/aperto	offener Wein

Reiseatlas Schweiz

Die Seiteneinteilung für den Reiseatlas finden Sie auf dem hinteren Umschlag dieses Reiseführers

FRANCE
Parc Naturel Régional des Ballons des Vosges
Luxeuil-les-Bains
Raddon
Faucogney-et-la-Mer
le Thillot
St. Maurice s. Moselle
St. Amarin
Ballon d'Alsace
Servance
Plancher-les-Mines
Giromagny
Sewen
Oberbruck
Masevaux
Thann
Cernay
MULHO
Lantenot
Mélisey
Quers
Fresse
Notre-Dame-du-Haut
Ronchamp
Champagney
Lure
Rougemont-le-Château
Lachapelle-s.-R.
Soppe-le-Bas
Burnhaupt
Sermamagny
Frahier-et-Chatebier
Roppe
Vy-lès-Lure
Noroy-le-Bourg
Lyoffans
Etobon
Belverne
BELFORT
Athesans
Frais
Dannemarie
Altkirch
Villersexel
Saulnot
Héricourt
Vézelois
Vellescot
Esprels
Courchaton
Vellechevreux
Aibre
Arcey
Brognard
Sochaux
Morvillars
Joncherey
Seppois
Rougemont
Fallon
Cuse
Montbéliard
Delle
Feldbach
l'Isle-s.-le-D.
Médière
Voujeaucourt
Audincourt
Beurnevésin
Liebsdorf
Soye
Mésandans
Mandeure
Hérimoncourt
Mathay
Fahy
Alle
Clerval
Pont-de-Roide
Pierrefontaine-les-Blamont
Porrentruy
Courgenay
Cornol
Lucelle
Glainans
Chevenez
St-Ursanne
Montagnes du Lomont
Noirefontaine
Vaufrey
Vellevans
Belvoir
Glère
Ocourt
St. Hippolyte
Indevillers
Sancey le Grd.
Orsans
Belleherbe
Goumois
Undervelier
Saignelégier
Pierrefontaine-les-Varans
Maîche
Damprichard
Charquemont
Tavannes
Tramelan
Sonceboz
les Breuleux
Mt. Soleil
le Luhier
Fournet
le Russey
Avoudrey
la Cibourg
St. Imier
Orchamps-Vennes
Fuans
LA CHAUX-DE-FONDS
Renan
Lamboing
Twann
Les Fins
Villers-le-Lac
Morteau
Le Locle
Dombresson
la Neuveville
Erlach
Täuffelen
Bieler See
Gilley
Colombière
le Cerneux-Péquignot
les Ponts-de-Martel
Valangin
St. Blaise
Ins
Kallnach
Montbenoit
les Gras
la Brévine
Rochefort
NEUCHÂTEL
Kerzers
Vrine
Travers
Colombier
Sugiez
le Cernil
Boudry
Cudrefin
Fleurier
Murten
les Verrières
St. Aubin
Salavaux
Laupen
Mt. Aubert
Chenaux
Avenches
Ste. Croix
Mauborget
Concise
Estavayer-le-Lac
Domdidier
Düdingen
Grandson
Lac de Neuchâtel
Baulmes
Yvonand
Payerne
FRIBOURG
Tafers
Yverdon
Giffers
Mathod
Prez-vers-N.
Orbe
Marnand
Hauterive
Chavornay
Thierrens
Lucens
Le Mouret
Plaffeien
Romainmôtier
Vuarrens
Romont
la Roche
la Sarraz
Possens
Moudon
Corbières
Schwarzsee
Cossonay
Bettens
Vaulruz
Riaz
Valsainte
Kaiseregg
121
116

D
E
F
DEUTSCHL
10 km
Heitersheim
Staufen
St. Ulrich
Hinterzarten
Lenzkirch
Kappel
Münstertal/Schwarzw.
Muggenbrunn
Todtnauberg
Feldberg
Altglashütten
Sulzbg.
Müllheim
Badenweiler
Neuenburg
Belchen
Wieden
Todtnau
Bernau
Menzenschwand
Schluchsee
Neuenweg
Aitern
Geschwend
Schönau
Präg
St. Blasien
Grafenhausen
Rixheim
Schliengen
Marzell
Fröhnd
Hochkopf
Todtmoos
Häusern
Bad Bellingen
Bürgeln
Tegernau
Höchenschwand
Birkendf.
Kandern
Zell
Mambach
Todtmoos-Au
Brenden
Berau
Bannholz
Kembs
Hausen
Schlächtenhaus
Schopfheim
Segeten
Görwihl
Tiengen
Sierentz
Efringen-Kirchen
Steinen
Rötteln
Erdmannshöhle
Bartenheim
Binzen
Maulburg
Hottingen
Waldshut
Blotzhm.
LÖRRACH
Wehr
Bärenfels
Koblenz
Basel Mulhouse
Haltingen
Weil
Dinkelberg
Albbruck
Hésingue
Hüningue
Rheinfelden
Bad Säckingen
Öflingen
Hauenstein
Zurzach
Riehen
Wyhlen
Rheinfdn.
Leibstadt
Etzgen
Döttingen
Folgensbourg
BASEL
Augst
Stein
Eiken
Laufenburg
Werentzhouse
Leymen
Oberwil
Pratteln
Rheinfelden
Frick
Brugg
Stilli
Rodersdorf
Reinach
Arisdorf
Bözberg-pass
Blauen
Aesch
Liestal
Sissach
Gelterkinden
Wittnau
Baden
Kleinlützel
Seewen
Kienberg
Staffelegg
Habsburg
Laufen
Wildenstein
Schinznach Bad
Breitenbach
Reigoldswil
Geissfluh
Rupperswil
Wildegg
Soyhières
Thierstein
Läufelfingen
Unt. Hauenstein
Aarau
Lenzburg
Delémont
Froburg
Suhr
Erschwil
Passwang
Waldenbg.
Olten
Entfelden
Wohlen
Mervelier
Beinwil
Oberer Hauenstein
Seon
Villmergen
Courrendlin
Falkenstein
Langenbruck
Aarburg
Säli-Schlößli
Unterkulm
Liebegg
Boniswil
Balsthal
Neu Bechburg
Mt. Raimeux
Welschenrohr
Oens. Klus
Safenwil
Schöftland
Hallwiler See
Fahrwangen
Gänsbrunnen
Oensingen
Niederbipp
Zofingen
Beinwil
Weissenstein
Wiedlisbach
Aarc
Murgenthal
Reinach
Aesch
Hasenmatt
Solothurn
Wangen a. A.
St. Urban
Reiden
Triengen
Beromünster
Gelfingen
Langenthal
Dagmersellen
Biberist
Herzogenbuchsee
Baldegger-See
Altbüron
Gormund
Hochdorf
Arch
Sursee
Sempach
Büren a.d. Aare
Bätterkinden
Utzenstorf
Lindenholz
Zell
Ettiswil
Sempacher See
St. Niklaus
Wynigen
Huttwil
Willisau
Warten see
Neuenkirch
Kirchberg
Lueg
Häusernmoos
Eriswil
Ruswil
Emmen
Burgdorf
Luthern-Dorf
Wolhusen
LUZERN
Sprengi
Schönbühl
Hindelbank
Wasen
Kriens
Horw
Hasle
Sumiswald
Luthern-Bad
Menzberg
Malters
Kranchthal
Ramsei
Napf
Ramoos
Eigenthal
Mettlen
Entlebuch
Hergiswil
BERN
Pilatus
Gümligen
Langnau i. E.
Schüpfheim
Alpnach
Worb
Blasenfluh
Großhöchstetten
Schupbach
Trubschachen
Eschholzmatt
Glaubenberg-pass
Bern(Belp)
Rubigen
Fürstein
Sarnen
Kerns
Belp
Wiggen
Langis
Münsingen
Würzbrunnen
Eggiwil
Flühli
Sarnen-Süd
Oberdiessbach
Röthenbach i. E.
Kirchenthurnen
Hächlen
Sarner See
Sachseln
Kiesen
Oberei
Schangnau
Sörenberg
Giswil
Melchthal
Falkenfluh
Schallenberg pass
Bad Kemmeriboden
Brienzer Rothorn
Lungern-see
Wandelen
Burgistein
Honegg
Hohgant
Lungern
Hutstock
Steffisburg
THUN
Wattenwil
Uetendorf
Tannhorn
Brienz
Brünigpass
Frutt
Oberried
Habkern
Hohfluh
Glockhaus
Engstlen
Blumenstein
Gwatt
Reuti
Aareschlucht
Selibühlpass
Stockhorn
Niederhorn
Beatenberg
Interlaken
Brienzer See
Iseltwald
Giessbach
Brienzwiler
Meiringen
Innertkirchen
Mährenhorn
Spiez
Beatushöhlen
Faulhorn
Schwarzhorn
Latterbach
Wimmis
Aeschi
Leissigen
Wilderswil
Grosse Scheidegg
Schwarzwaldalp
Weissenburg
Guttannen

117
122

A
B
C
DEUTSCHL.
10 km
Lenzkirch
Löffingen
Mundelfingen
Altglashütten
Wutach
Schluchsee
Bonndorf
Blumberg
Engen
Aach
Stockach
Tengen
Mühlhsn.
Ehingen
Singen
Radolfzell
Stühlingen
Schleithm.
Bargen
Thayngen
Grafenhsn.
Birkendf.
Höchenschwand
Brenden
Bannholz
Ühlingen
Berau
SCHAFFHAUSEN
Neunkirch
Hallau
Neuhausen
Jestetten
Rheinfall
Diessenhofen
Stein a.R.
Steckborn
Waldshut
Tiengen
Erzingen
Grießen
Rheinau
Koblenz
Zurzach
Rafz
Bühl
Kaiserstuhl
Andelfingen
Hüttwilen
Leibstadt
Döttingen
Endingen
Eglisau
Glattfelden
Bülach
Frauenfeld
Laufenburg
Brugg
Bözberg-pass 569
Weningen
Lägern 859
Embrach
Kloten
WINTERTHUR
Baden
Dielsdorf
Zürich
Bassersdorf
Kyburg
Turbenthal
Fischingen
Kirchberg
Habsburg
Schinznach Bad
Wildegg
Lenzburg
Dietikon
ZÜRICH
Dübendorf
Pfäffikon
Bauma
Wohlen
Bremgarten
Uetliberg
Fällanden
Greifensee
Uster
Wetzikon
Hinwil
Seon
Villmergen
Boniswil
Hallwiler See
Beinwil
Fahrwangen
Muri
Adliswil
Affoltern
Küsnacht
Thalwil
Erlenbach
Meilen
Wald
Reinach
Aesch
Horgen
Stäfa
Rapperswil
Uznach
Beromünster
Gelfingen
Baldegger-see
Hochdorf
Wädenswil
Pfäffikon
Lachen
Sempach
Cham
Zug
Unterägeri
Einsiedeln
Siebnen
Näfels
Eschenbach
Küssnacht a.R.
Rothenthurm
Euthal
Studen
Innerthal
Wägitaler See
LUZERN
Kriens
Malters
Horw
Weggis
Arth
Goldau
Sattel
Brunni
Oberiberg
Richisau
Klöntaler See
Eigenthal
Hergiswil
Bürgenstock
Vierwaldstätter See
Schwyz
Brunnen
Glärnisch
Pilatus
Alpnach
Stans
Beckenried
Treib
Rütli
Stoos
Muotathal
Dürrenboden
Braunwald
Sarnen
Kerns
Klewenalp
Seelisberg
Sisikon
Axenstr.
Tellskap.
Flüelen
Altdorf
Linthal
Sachseln
Melchthal
Ober-Jakob
Urnerboden
Klausenpass
Uri-Rotstock
Bürglen
Giswil
Engelberg
Erstfeld
Tödi
Lungern
Titlis
Gr. Spannort
Gr. Windgällen
Maderanertal
Amsteg
Brünigpass
Innertkirchen
Gadmen
Sustenpass
Steingletscher
Wassen
Färnigen
Oberalpstock
Disentis
Muster
Sedrun
Göschenen
Andermatt
Curaglia
Vrin
Dammastock
Tavanasa
Trun
Somvix
123
118

DEUTSCHLAND
ÖSTERREICH
LIECHTENSTEIN
Bodensee
Denkingen
Herdwangen
Schönach
Illmensee
Ebenwlr.
Wilhelmsdf.
Fronreute
Mochenwangen
Blitzenreute
Bergatreute
Gaisbeuren
Bad Wurzach
Aichstetten
Roßberg
Einturnen
Leutkirch
Owingen
Lippertsreute
Heiligenberg
Deggenhausertal
Salem
Weingarten
Baienfurt
Wolfegg
Überlingen
Horgenzell
Urnau
RAVENSBURG
Kißlegg
Waltershofen
Uhldingen
Mühlhofen
Markdorf
Taldf.
Ob. Teuringen
Eschach
Vogt
Waldburg
Meckenbeuren
Bodnegg
Argenbühl
Isny
Meersburg
Hagnau
STAAD
KONSTANZ
Friedrichshafen
Tettnang
Amtzell
Wangen
Eglofs
Immenstaad
FRIEDRICHSHAFEN
Kreuzlingen
Neukirch
Langnau
Neuravensburg
Wohmbrechts
Heimenkirch
Röthenbach
Güttingen
Langenargen
Kressbronn
Lindenbg.
Simmerberg
Oberstaufen
Sulgen
Romanshorn
Wasserburg
LINDAU
Scheidegg
Weiler
Hörbranz
Scheffau
Amriswil
Neukirch
Arbon
St. Gallen (Altenrhein)
Bregenz
Pfändertunnel
Pfänder
Sulzbg.
Aach
Bischofszell
Hauptwil
Rorschach
Langen
Krumbach
Balderschwang
ST. GALLEN
Rheineck
St. Margr.
Höchst
Lustenau
Alberschwende
Hittisau
Gossau
Flawil
Trogen
Teufen
Heerbrugg
Bödele
Egg
Sibratsgfäll
DORNBIRN
Schwarzenberg
Herisau
Gais
Altstätten
Hohenems
Bezau
Bregenzerwald
Schnepfau
Waldstatt
Appenzell
Oberriet
Götzis
Ebnit
Mellau
Kanisfluh
Mittelberg
St. Peterzell
Urnäsch
Weissbad
Klaus
Au
Schoppernau
Hemberg
Säntis
Wasserauen
Sennwald
Rankweil
Furkajoch
Damüls
Faschinajoch
Fontanella
Schröcken
Rietbad
Schwägalp
Alpstein
Ambergtunnel
Bad Laterns
Sonntag
Buchboden
Unterwasser
Alt. St. Johann
Wildhaus
Gams
Haag
Feldkirch
Frastanz
Satteins
Schnifis
Blons
Gr. Walsertal
Thüringen
Churfirsten
Buchs
Werdenburg
Schaan
Nenzing
Schwestern
Hoh Frassen
Rote Wand
Walensee
Walenstadt
Vaduz
Tschengla
Bludenz
Innerbraz
Flexenpass
Stuben
Murg
Tannenbodenalp
Flumserberge
Flums
Sevelen
Malbun
Bürserberg
Bürs
Klösterle
Triesen
Brand
Zimba
Vandans
Bartholomäberg
Dalaas
Silbertal
Schruns
Balzers
Sargans
Spitzmeilen
Wangs
Schesaplana
Lünersee
Tschagguns
Rätikon
Bad Ragaz
Maienfeld
Jenins
Malans
St. Gallenkirch
Weisstannen
Pizol
Graue Hörner
Taminaschlucht
Landquart
Grüsch
Schiers
St. Antönien
Marschlins
Gaschurn
Partenen
Gargellen
Silvretta-Hochalpenstr.
Piz Sardona
St. Martin
Vättis
Lichtenstein
Zizers
Pany
Küblis
Saas
Prättigau
Ringelspitz
Calanda
Hochwang
Klosters
Kunkels
Chur
Domat/Ems
Flims
Reichenau
Tschiertschen
Langwies
Weissfluh
Monbiel
Waldhs.
Laax
Versam
Rhäzüns
Churwalden
Arosa
Frauenkirch
Davos
Vereinatunnel
Piz Linard
Ilanz
Stätzerhorn
Parpan
Lenzerheide
Sertig-Dörfli
Susch
Piz Fess
Tenna
Cazis
Thusis
Rothorn
Dürrboden
Zernez
Uors
Safien-Platz
Ober-Tschappina
Via Mala Schlucht
Wiesen
Lantsch
Filisur
Barentritt
Nadret
Brail
Thalkirch
Piz Beverin
Zillis
119
124

Villers-Farlay
Mouchard
Salins-les-Bains
Arbois
Poligny
Reculée des Planches
Cirque du Fer à Cheval
la Châtelaine
Pont-d'Héry
Andelot-en-Mgne.
Plasne
Montrond
Picarreau
Crotenay
Champagnole
Nozeroy
Mièges
Censeau
Frasne
Boujailles
Levier
Villeneuve-d'Amont
l'Entrepot
Nans-sons-Ste. Anne
Source du Lison
Bolandoz
Source de la Loue
Evillers
Haute-Pierre
Sombacour
Chaffois
Pontarlier
Montbenoit
la Main
la Vrine
Grotte du Trésor
Colombière
les Gras
Mgne du Larmont
la Cluse et Mijoux
les Verrières
Grotte aux Fées
Oye-et-Pallet
Mgne du Laveron
Bonnevaux
Remoray-Boujeons
Malbuisson
les Hôpitaux Neufs
Metabief
Ste. Croix
Col des Etroits
Baulmes
Grandson
Chasseron
Suchet
Yverdon
Orbe
Mathod
Vallorbe
Mouthe
Gellin
Crêt Sapeau
Chaux Neuve
la Lafette
Pontets
Bief-des-Maisons
Syam
Pont-du-Navoy
Marigny
L. de Chalain
Chalain
Pont-de-la-Chaux
Doucier
Châtillon
Bonlieu
le Frasnois
la Chaux-du-Dombief
les Planches en-Mgne
Foncine-le-Bas
le Mont Noir
Mont Risoux
le Lieu
le Pont
Romainmôtier
la Sarraz
Lac de Joux
le Sentier
Col de Mollendruz
l'Isle
Mt. Tendre
Cossonay
St. Barthélemy
Bettens
St. Maurice-en-Montagne
St. Laurent-en-Grandvaux
Col de la Savine
la Tour-du-Meix
l'Abbaye
Bellefontaine
le Brassus
Col du Marchairuz
Bois d'Amont
Morez
Parc
Lezat
la Roche au Dade
Etival
Château-des-Prés
la Rixouse
Naturel
les Rousses
St. George
Gimel
Bière
Apples
Vufflens le Château
Chardonney
Bussy
Morges
Aubonne
Allaman
Rolle
LAUSANNE
Léman
Marchissy
Signal de Bougy
Col de la Givrine
la Cure
Longchaumois
Moirans-en-Montagne
Valfin-lès-St. C.
St. Lupicin
Régional du
St. Claude
St. Romain
Crêt Pela
la Dôle
St. Cergue
Begnins
Trelex
Crassier
Nyon
Prangins
Thonon-les-Bains
Ripaille
Evian-les-Bains
Yvoire
Mijoux
C. de la Faucille
Gex
Divonne
Coppet
Molinges
les Moussières
Haut-Jura
Lélex
les Bouchoux
Colomby de Gex
Zone franche
Crêt de la Neige
Belleydoux
Crêt de Chalam
Chézery-Forens
St. Genis-Pouilly
Ferney-Voltaire
Versoix
Genève (Cointrin)
GENÈVE (GENF)
St. Jean
Russin
Chancy
Confort
Collonges
Bellegarde s.V.
St. Julien-en-Genevois
Défilé de l'Ecluse
Viry
Billiat
Jonzier
Frangy
Chanay
Seyssel
Clermont
Pont de Douattes
Cruseilles
le Pilot
la Balme-de-S.
Thorens-Glières
Grotte de la Diau
Tête du Parmelan
Annecy (Meythet)
Lovagny
Vallières
Gorges du Fier
Rumilly
ANNECY
Sévrier
Veyrier
Menthon
Talloires
Lac d'Annecy
Duingt
Alby
Chéran
Quintal
Crêt de Châtillon
Gruffy
Grotte de l'Ours
Col de Leschaux
Cusy
Albens
Chaudieu
Ruffieux
Col du Sapenay
Chanaz
Conjux
A. de Hautecombe
P. de l'Abîme
Thônes
Col de la Croix-Fry
Col du Marais
Serraval
la Tournette
Mt. Charvin
Ugine
Flumet
la Giettaz
Megève
Praz
N.D. de Bellecombe
Crest-Voland
les Contamines-Montjoie
C.d.Saisies
St. Gervais
le Fayet
Sallanches
Col des Aravis
la Clusaz
St. Jean-de-Sixt
le Grand Bornand
Pnte. Percée
Col de la Colombière
le Reposoir
Cluses
Châtillon
Arâche
Marignier
Bonneville
la Roche sur Foron
Brizon
Mont Saxonnex
le Petit-Bornand-les-Glières
Reignier
Col de la Croisette
le Châble
Mont Salève
Bonne
Findrol
Annemasse
Vésenaz
Zone franche
Boëge
les Voirons
Col de Saxel
Col de Cou
Habère-Poche
C.d. Terramont
Col de Jambaz
la Chèvrerie
Roc d'Enfer
les Gets
St. Jeoire
Taninges
Hermance
Douvaine
la Rochette
Bons
Sciez
Allinges
Vailly
FRANCE
Route des Grandes Alpes

116
Erlach
Aarberg
Kallnach
Schüpfen
Schönbühl
Hindelbank
Zollikofen
Kirchberg
Krauchthal
BERN
Ins
Neuchâtel
Valangin
St. Blaise
Chaumont
Geneveys
La Chaux-de-Fonds
Les Ponts-de-Martel
Rochefort
Colombier
Boudry
Gorges de l'Areuse
Creux du Van
Sugiez
Cudrefin
Lac de Neuchâtel
Lac de Morat
Kerzers
Ortschwaben
Wohlensee
Rizenbach
Laupen
Murten
Salavaux
St. Aubin
Grandcour
Avenches
Domdidier
Flamatt
Köniz
Gümligen
Worb
Rubigen
Bern (Belp)
Belp
Münsingen
Estavayer-le-Lac
Yvonand
Payerne
FRIBOURG
Düdingen
Tafers
Niederreichi
Schwarzenburg
Riggisberg
Kirchenthurnen
Oberdiessbach
Burgistein
Kiesen
Giffers
Pont de Pérolles
Hauterive
Marly
Prez-vers-N.
Riffenmatt
Wattenwil
Uetendorf
Thun
Marnand
Cottens
Plaffeien
Schwefelbergbad
Blumenstein
Gwatt
Lucens
le Mouret
Possens
Moudon
Romont
le Bry
Rossens
la Roche
la Berra
Selibühlpass
Stockhorn
Spiez
Lac de la Gruyère
Corbières
Schwarzsee
Kaiseregg
Latterbach
Valsainte
Riaz
Vaulruz
Bouloz
Broc
Charmey
Jaun
Jaunpass
Boltigen
Weissenburg
Niesen
Simme
Bulle
Gruyères
Semsales
Oron-la-Ville
Forel
Moléson
Frutigen
Seehorn
Grimmialp
Zweisimmen
Hundsrügg
Dent de Brenleire
Vanil Noir
Saanenmöser
Männlifluh
Châtel-St. Denis
Les Paccots
Dent de Lys
Les Pléiades
Mt. Pèlerin
Rougemont
Montbovon
Schönried
Saanen
Gstaad
Albristhorn
Pochtenkesselfall
Adelboden
Vevey
Montreux
Blonay
Rochers de Naye
Les Avants
Les Moulins
Château d'Oex
Gummfluh
Gifferhorn
Lenk
Lohner
Chillon
St. Gingolph
Villeneuve
Caux
Lac de l'Hongrin
Col des Mosses
Lauenen
Siebenbrunnen
Wildstrubel
Balmhorn
Iffigenalp
Tour d'Aï
Le Sépey
Gsteig
Sanetschsee
Lac de Tseuzier
Pl. Morte
Leukerbad
Grammont
Roche
Leysin
Vouvry
Diablerets
Col du Pillon
Wildhorn
Majinghorn
Aigle
Chamossaire
Bretaye
Croix
les Diablerets
Col de Sanetsch
Montana
Vermala
Crans
Sierre
Leuk
Susten
La Chapelle d'Abondance
Châtel
Monthey
Ollon
Villars
Solalex
Pas de Morgins
Morgins
Gryon
les Plans
Derborence
Ayent
St. Léonard
Troistorrents
Bex
Gd. Muveran
Sion
Sierre-Ouest
Val d'Anniviers
Chandolin
Bella Tola
Vercorin
Bramois
Sion-Est
Vissoie
St. Luc
St. Maurice
St. Vétroz
Pierre de Cl.
Haute Nendaz
Vex
Champéry
Avoriaz
Dents du Midi
Dent de Morcles
Ovronnaz
Riddes
Saxon
Rhône
Isérables
Erdpyramiden
Euseigne
St-Martin
Grimentz
Ayer
Pissevache fall
Vernayaz
Salvan
Lac d'Emosson
les Marécottes
Finhaut
Martigny
Verbier
Pierre Avoi
Mt. Gelé
Pic d'Artsinol
Val d'Hérens
Evolène
Moiry
Zinal
Cirque du Fer à Cheval
Trient
Vallorcine
Col de la Forclaz
Champex
Sembrancher
Les Valettes
le Châble
Dixence
Lac des Dix
les Haudères
Ferpècle
Mt. Buet
Col de Balme
Col des Montets
Argentière
Orsières
Mt. Brulé
Fionnay
Arolla
Aig. de la Tsa
Dent Blanche
Zermatt
le Brévent
la Flégère
Aig. d'Argentière
Bourg-St. Pierre
Lac de Mauvoisin
La Ruinette
Matterhorn
Furggengrat
Plan Rosa
Chamonix
les Montenvers
La Fouly
Ferret
Gr. Combin
Breuil-Cervinia
Plan Maison
Aig. du Midi
Gr. des Jorasses
Tunnel du Mt. Blanc
Mont Blanc
Pnte Helbronner
C.d. Gr. St. Bernard
Hospice
Tunnel du Grd St. Bernard
Vaud
La Lechère
Bionaz
Valtournanche
Bca de Luseney
Gr. Tournalin
Entrèves
Gr. Rochère
Courmayeur
La Visaille
St. Rhémy
121
Valpelline
Chamois
Ayas
Antey
10 km

117
BERN
Zollikofen
Kerzers
Ortschwaben
Wohlensee
Verzw. Schönbühl
Hasle
Kranchthal
Ramsei
Sumiswald
Napf
1408
Mettlen
Entlebuch
Gümligen
Worb
Langnau i. E.
Trubschachen
Schüpfheim
Köniz
Bern(Belp)
Flamatt
Rubigen
Großhöchstetten
Blasenfluh
Schupbach
Eschholzmatt
Glaubenpass
Düdingen
Niedereichi
Schwarzenburg
Belp
Münsingen
Oberdiessbach
Würzbrunnen
Eggiwil
Röthenbach i. E.
Wiggen
Flühli
Fürstein
Tafers
Riggisberg
Kirchenthurnen
Kiesen
Oberei
Schangnau
Hächlen
Sörenberg
Sarner
Giffers
Riffenmatt
Wattenwil
Burgistein
Uetendorf
Falkenfluh
Schallenbergpass
Honegg
Hohgant
Bad Kemmeriboden
Brienzer Rothorn
Plaffeien
Schwefelbergbad
Blumenstein
Steffisburg
THUN
(560)
Oberried
Habkern
Brienz
Schwarzsee
Gwatt
Selibühlpass
Gurnigel
Stockhorn
Spiez
Thuner See
Niederhorn
Beatenberg
Beatushöhlen
Interlaken
Brienzer See
Iseltwald
Giessbachfälle
Meiringen
Ob. Reichenbachfälle
Kaiseregg
2186
Latterbach
Wimmis
Aeschi
Leissigen
Bönigen
Schynige Platte
Faulhorn
Schwarzhorn
Jaun
Jaunpass
Boltigen
Simme
Weissenburg
Niesen
Reichenbach im Kandertal
Wilderswil
Zweilütschinen
Wetterhorn
Frutigen
Sulegg
Wengen
Grindelwald
Zweisimmen
Seehorn
Grimmialp
Dreispitz
Kiental
Lauterbrunnen
Eiger
Mönch
Schreckhorn
Hundsrügg
Männlifluh
Gerihorn
Schilthorn
Mürren
Trümmelbachfälle
Saanenmöser
Schönried
Pochtenkesselfall
Blausee
Giesalp
Stechelberg
Jungfrau
Finsteraarhorn
Saanen
Gstaad
Albristhorn
Oeschinensee
Blümlisalp
Jungfraujoch
Adelboden
Kandersteg
Wannenhorn
Gifferhorn
Lenk
Lohner
Breithorn
Lauenen
Siebenbrunnen
Autoverlad
Lötschbergtunnel
Aletschhorn
Fieschergletscher
Iffigenalp
Wildstrubel
Balmhorn
Tafleralp
Bellwald
Blatten
Sparrhorn
Eggishorn
Gsteig
Sanetschsee
Pl. Morte
Kippel
Bietschhorn
Belalp
Riederalp
Bettmeralp
Wildhorn
Lac de Tseuzier
Leukerbad
Majinghorn
Goppenstein
Mörel
Col du Pillon
Montana
Vermala
Crans
Sierre
Leuk
Susten
Gampel
Gestelnburg
Raron
Naters
Brig
Bettlihorn
Ayent
St. Léonard
Sierre-Ouest
Val d'Annivier
Turtmann
Unterbäch
Visp
Simplonpass
Berisal
Sion
Vercorin
Chandolin
Bella Tola
Visperterminen
Galleria del Sempione
Bramois
Sion-Est
Sion-Ouest
Vissoie
St. Luc
Törbel
Stalden
Hospiz
M. Leone
Vex
Schwarzhorn
Meiden
Gondo
Erdpyramiden
Euseigne
St-Martin
Grimentz
Ayer
Grächen
Simplon
Gondoschlucht
Barrhorn
St. Niklaus
Sasseneire
Zinal
Moiry
Saas-Grund
Weissmies
Evolène
Zinalgletscher
Weisshorn
Saas-Fee
Domodossola
Dixence
Lac des Dix
Les Haudères
Randa
Dom
Saas-Almagell
Antrona-piana
Villadossola
Fionnay
Ferpècle
Täsch
Mattervispa
Stellihorn
Arolla
Aigle de la Tsa
Dent Blanche
Zermatt
Rimpfischhorn
Mattmarksee
Piedimulera
Alpes Valaisannes
La Ruinette
Lac de Mauvoisin
Matterhorn
Stockhorn
Gornergrat
Pontegrande
Macugnaga
Grand Combin
Furggengrat
Plan Rosa
Gornergletscher
Breuil-Cervinia
Plan Maison
Breithorn
Monte Rosa
Ceppo Morelli
P. Dufour
Cima di Capezzone
la Lechère
Bionaz
Valtournanche
Carcóforo
S. Maria
Rima
ITALIA
Bca de Luseney
Gr. Tournalin
S. Jacques
Punta Indren
Alagna Valsésia
Rimasco
10 km
Valpelline
Champoluc
Chamois
Gressoney la Trinité
Corno Bianco
Praz
Ayas
Antey S. André
Gressoney-Saint Jean
Mollia
Balmúccia
Varallo Sésia
Lignan
Saint-Christophe
Nus
Aosta
Châtillon
S. Vincent
Piode
Scopello
122

118
123
Schwyz
Brunnen
Glarus
Schwanden
Linthal
Elm
Klausenpass
Stans
Beckenried
Seelisberg
Flüelen
Altdorf
Bürglen
Sisikon
Muotathal
Braunwald
Engelberg
Sarnen
Sachseln
Melchthal
Kerns
Erstfeld
Amsteg
Maderanertal
Gr. Windgällen
Oberalpstock
Tödi
Breil/Brigels
Disentis/Muster
Sedrun
Wassen
Göschenen
Andermatt
Hospental
Oberalppass
Sustenpass
Gadmen
Guttannen
Dammastock
Rhônegletscher
Gletsch
Furkapass
Grimselpass
Realp
St. Gotthard
St. Gotthard-Tunnel
Airolo
Bedretto
Nufenenpass
Lukmanierpass
Olivone
Campo (Blenio)
Vals
Vrin
Zervreilasee
Hinterrhein
San Bernardino Pass
San Bernardino
Rheinwaldhorn
Faido
Biasca
Bodio
Giornico
Malvaglia
Acquarossa
Serravalle
Fusio
Peccia
S. Carlo
M. Basòdino
Formazza
Bosco-Gurin
Cevio
Bignasco
Sonogno
Brione-Verzasca
Lavertezzo
Maggia
Osogna
Cresciano
Arvigo
Santa Maria
Grono
Roveredo
Castione
Bellinzona
Giubiasco
Locarno
Ascona
Gordola
Cadenazzo
Intragna
Centovalli
Brissago
Cannobio
Cannero
Luino
Maccagno
Curiglia
M. Tamaro
Rivera
Taverne
Tesserete
Porlezza
LUGANO
Lugano
Melide
Campione
Morcote
Ponte Tresa
Menággio
Cadenábbia
Tremezzo
Argegno
Nesso
Laglio
Torno
Cernóbbio
COMO
Chiasso
Mendrisio
Riva S. Vitale
Viggiù
VARESE
Malnate
Olgiate Com.
Porto Valtravaglia
Laveno
Besozzo
Gavirate
Verbania (Pallanza) (Intra)
Mergozzo
Gravellona Toce
Baveno
Stresa
Belgirate
Lesa
Meina
Arona
Angera
Omegna
M. Mottarone
Orta S. Giulio
Armeno
Ornavasso
Vogogna
Cuzzago
Premeno
Miazzina
Crevola-dóssola
Masera
Crodo
Varzo
Baceno
Cimalmotto
Cerentino
Vergeletto
M. Zeda
M. Tógano
Lago Maggiore
Ticino
Lepontine
E35
E43
A9
A26

118
124
Glärnisch
Schwanden
Engi
Ibergeregg
Pragel-pass
Stoos
Muotathal
Sisikon
Axenstr.
Dürrenboden
Braunwald
Luchsingen
Matt
Diesbachfall
Rüti
Linthal
NSG
Elm
Tellskap.
Flüelen
Altdorf
Bürglen
Unterschächen
Klausenpass
Spiringen
Fätschbachfälle
Hausstock
Tierfehd
Stabifall
Erstfeld
Gr. Windgällen
Tödi
Limmerensee
Weisstannen
Bad Ragaz
Landquart
Tamina-schlucht
Piz Sardona
St. Martin
Vättis
Lichtenstein
Ringelspitz
Calanda
Steinibach
Vorab
Kunkels
Flims
Chur
Domat/Ems
Reichenau
Rhein
Tschiertschen
Waldhaus
Laax
Versam
Rhäzüns
Churwalden
Lowenburg
Jörgenberg
Ilanz
Bonaduz
Maderanertal
Amsteg
Breil/Brigels
Tavanasa
Obersaxen
St. Martin
Statzerhorn
Oberalpstock
Somvix
Trun
Ringgenberg
Mundaun
Piz Fess
Tenna
Parpan
Disentis/Mustér
Vorderrhein
Rofllenschlucht
Piz Val Cronda
Cazis
Thusis
Thusis-N.
Baldenstn.
Lenz
P. Giuf
Sedrun
Oberalppass
Tenigerbad
P. Muraun
Uors
Safien-Platz
Via Mala
Schin-schlucht
Tschappina
Curaglia
Lumbrein
Vrin
Valser Tal
Thalkirch
Piz Beverin
Zillis
Tschamut
Sogn Gion
Pazzola
Fumatschfall
P. Medel
Badus
Stausee
Santa Maria
Gotthard-tunnel
P. Terri
P. Ault
Piz Tomul
Vals
Andeer
Piz Curver
Scopí
Luzzone-see
Campo (Blenio)
Zervreila-see
Alp Guralätsch
Roflaschlucht
Rofla
Splügen
Lukmanierpass
Cassaccia
Olivone
Fanellahorn
Nufenen
Hinterrhein
San Bernardino Pass
Mulegns
Airolo
Lago Ritom
P. Sole
Quinto
Rodi
Faido
P. Molare
Rheinwaldhorn
San Bernardino-Str.
P. Tambo
Splügen-P.
Pte. Mult d'Avers
Marmorera
P. Platta
Gola
Piottino
Negrentino
Bernardino-Tunnel
Passo dello Spluga
Montespluga
M. Mater
Lago di Val di Lei
Cresta
Fusio
Cascata Piumogno
Biaschina
Acquarossa
San Bernardino
Madesimo
Tscheischhorn
Juf
Pizzo Campo Tencia
Giornico
Serravalle
Malvaglia
Madra
Motta
Peccia
Casc. Cramosina
Bodio
Cma di Gaigèla
P. Corbet
P. Groppera
Campodolcino
Made Grosso
Sonogno
Biasca
Torrente Alto
Mesocco
Rossa
L. d'Acqua Fraggia
Soglio
Bergell
M. Zucchero
L. di Truzzo
S. Giacomo Filippo
Osogna
Lostallo
Chiavenna
Castasegna
Ticino
Brione-Verzasca
Arvigo
Cresciano
Gordona
P. d. Prata
Someo
Lavertezzo
P.te Piota
Santa Maria
Grono
Roveredo
P. Martello
Samòlaco
P. Ledu
Pzo Ligóncio
Bagni
Maggia
Verzasca
Cimetta
Castione
Bellinzona Nord
Bellinzona
Giubiasco
L. d. Mezzola
Gera Lario
Verceia
Caviagliano
Locarno
Gordola
Cadenazzo
Ascona
Bellinzona Sud
Camoghè
Gravedona
Nuova Olónio
Vira
M. Cèneri
Isone
Dongo
Colico
Delébio
Morbegno
Brissago
M. Tamaro
Rivera
Bogno
M. Bregagno
S. Bartolomeo
S. Maria-Rezzónico
M. Legnone
Dérvio
Curiglia
Taverne
Tesserete
Porlezza
Premana
Gerola Alta
Maccagno
Ménaggio
Bellano
Tàceno
Luino
Lugano-Nord
LUGANO
Ceresio
Osteno
Cadenàbbia
M. di Tremezzo
Varenna
Esino Lario
Primaluna
Pzo d. Tre Signori
Lugano
Campione
Lanzo d'Intelvi
Castigl. d'Intelvi
Tremezzo
Bellàggio
Intróbio
Valtorta
Porto Valtravàglia
Pte. Tresa
Melide
Lierna
M. Generoso
Argegno
Civenna
Grigna Sett.
Bàrzio
M. Aralalta
Morcote
Roncapiano
M. S. Primo
Madonna di Ghisallo
Mandello
Riva
Nesso
Onno
Porto C. S. V.
Viggiù
Mendr.
M. Bisbino
Laglio
Ballàbio
Vedeseta
Torno
S. M. d. Monte
Barasso
Chiasso
Cernóbbio
Asso
Lambro
LECCO
Brumano
VARESE
Brunate
COMO
S. Pietro
Civate
Lago di Garlate
Resegone
Fuipiano
Malnate
Olgiate Com.
Erba
Calolzio-corte
S. Omobono
Gazzada
Schianno
L. d. Comabbio
Castiglione Olona
Oggiono
Olginate
Caprino Bergam.
Appiano
Airuno
Castr.
Como Nord
Fino Mornasco
E35
E43
A2
A8
A9
Graubünden
Glarner
Adula

D
E
F
119
33
44
48
2
28
56
62
97
29
55
100
4
5
125
St. Gallenkirch
Gaschurn
Kops-Stausee
Partenen
Ischgl
Serfaus
Hexenkopf
Spiss
Pfunds
Kajetansbrücke
Samnaun
Zollfreie Zone
Finstermünz-Engpaß
Hochfinstermünz
Mutler
Martina
Nauders
Galtür
Bielerhöhe
Silvretta-Stausee
Silvretta-Hochalpenstr.
Gargellen
St. Antönien
Grüsch
Schiers
Landquart
Pany
Küblis
Saas
Prättigau
Klosters
Monbiel
Gr. Litzner
Fluchthorn
Piz Buin
Silvrettagruppe
Val Sinestra
Vnà
Ramosch
Reschenpaß
Pso. Résia
Reschen
Graun
Rojen
Reschensee
Haider-S.
St. Valentin auf der Haide
Burgeis
Marienbg.
Fürstenbg.
Mals
Glurns
Weissfluh
Langwies
Arosa
Davos
Frauenkirch
Vereinatunnel
Autoverladung
Piz Linard
Guarda
Scuol
Unterengadin
Vulpera
Tarasp-Fontana
Ardez
Susch
Flüelapass
Sertig-Dörfli
Dürrboden
Wiesen
Barentritt
Filisur
Zernez
P. Vadret
Brail
S-charl
Piz Sesvenna
Ofenpass/Pass dal Fuorn
Taufers
Val Müstair
Müstair
Tschierv
Sta. Maria
Stilfs
Prad
National park
Bergün/Bravuogn
Albula
Albulastrasse
Albulapass
Albula tunnel
P. Kesch
S-chanf
Zuoz
La Punt-Chamues-ch
Lago di Livigno
L.d. San Giacomo
Umbrail-Pass
Gomagoi
Trafoi
Livigno
Pso d. Fira
S. Rainert
Stilfser-Joch
Pso d. Stelvio
Ortler
Samedan
Celerina
Muottas-Muragl
Piz d'Err
St. Moritz
Julier-P.
Pontresina
P. Languard
Pte Lungo
Zona franca
Pso di Foscagno
L. di Cancano
Isolaccia
Piscine romane
Bórmio
Stelvio
dello
Zufall
St. M.-Bad
Morteratsch
Silvaplana
Silvaplaner See
Forcola di Livigno
di p. Zembrasca
Arnoga
M. Confinale
Valfurva
Sils i. E.
Silser See
P. Corvatsch
Diavolezza
Pso. del Bernina
Cima de Piazzi
Valdisotto
Santa Caterina Valfurva
Maloja
L. Bianco
M. Sobretta
P. S. Matteo
Bernina
P. Verona
C. Lago Spalmo
Pso Gávia
Chiareggio
L. di Alpe Gera
Rif. Zoia
Poschiavo
Sóndalo
L. Pain
L. Albigna
d. Castello
L. d. Poschiavo
Grósio
Grosotto
P. di Pietra Rossa
Chiesa i. V.
M. Disgrázia
Vetto
Caspoggio
Ponte di Legno
Temù
Pso del Tonale
Torre d. S. Maria
Vetta di Ron
Brúsio
Tirano
Lóvero Valt.
Vezza d'Oglio
Adamello
Prasomaso
Teglio
Ponte in Valt.
Berbenno
SÓNDRIO
Édolo
Lago di Avio
Adda
Aprica
Tresenda
Pso d'Aprica
Tártano
Orobie
ALPI
Ambria
Malonno
Cedégolo
Saviore d. A.
M. Carè Alto
Pzo di Coca
Paisco
la Rásega
Malga Bissina
Fóppolo
Cno Stella
Carona
Valbondione
Casc. del Serio
Pso d. Vivione
Capo di Ponte
Lizzolla
Vilminore d. Sc.
Schilpario
M. Re di Castello
Branzi
Lózio
Dezzo
Gromo
Presolana
Pso d. Presolana
Borno
Breno
Cornone d. Blumone
Chiese
Brembo
Serio
Pzo Arera
Zambla
Castione d. P.
Via Mala Lombarda
Campolaro
Pso Croce Domini
Clusone
Boario Terme
Condino
Serina
M. Alben
Nossa
Darfo
M. Frà
Giogo della Bala
Valle Dorizzo
Storo
S. Pellegrino Terme
Costa Volpino
Lóvere
Artogne
10 km
Bagolino
Caffaro
Fiorano
Gandino
Sóvere
Pisogne
Cóllio
Pso di Maniva
Bondone
Selvino
Lago d'Iseo
Bovegno
Magasa
Albino
Endine Gaiano
M. Ario
Anfo
Lago
Trómpia
Dezzo

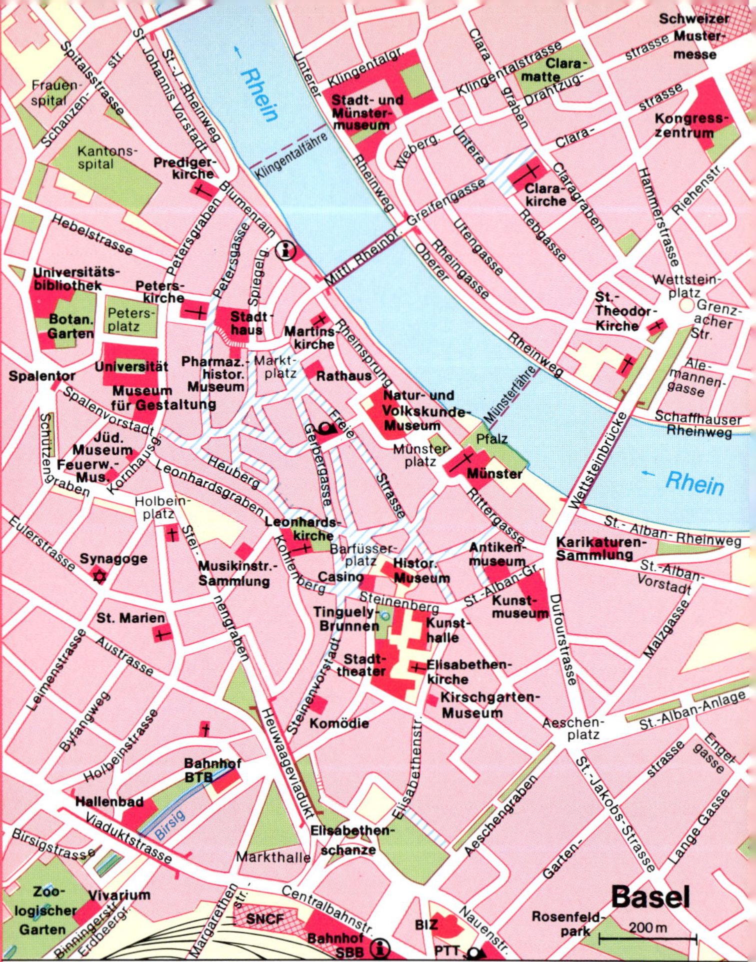
Basel
200 m
Rhein
Schweizer Mustermesse
Clara-matte
Stadt- und Münster-museum
Klingentalgr.
Klingentalstrasse
Drahtzug-
Kongress-zentrum
Frauen-spital
Kantons-spital
Prediger-kirche
Klingentalfähre
Clara-kirche
Hebelstrasse
Universitäts-bibliothek
Peters-kirche
Peters-platz
Botan. Garten
Stadt-haus
Martins-kirche
Wettstein-platz
St.-Theodor-Kirche
Grenz-acher Str.
Universität
Spalentor
Pharmaz.-histor. Museum
Markt-platz
Rathaus
Museum für Gestaltung
Natur- und Volkskunde-Museum
Münsterfähre
Ale-mannen-gasse
Schaffhauser Rheinweg
Jüd. Museum
Feuerw.-Mus.
Pfalz
Münster-platz
Münster
Wettsteinbrücke
Holbein-platz
Leonhards-kirche
Barfüsser-platz
Antiken-museum
Karikaturen-Sammlung
St.-Alban-Rheinweg
Synagoge
Musikinstr.-Sammlung
Casino
Histor. Museum
St.-Alban-Vorstadt
Steinenberg
Kunst-museum
St. Marien
Tinguely-Brunnen
Kunst-halle
Stadt-theater
Elisabethen-kirche
Kirschgarten-Museum
Komödie
Aeschen-platz
St.-Alban-Anlage
Bahnhof BTB
Hallenbad
Birsig
Heuwaageviadukt
Elisabethen-schanze
Markthalle
Viaduktstrasse
Birsigstrasse
Zoo-logischer Garten
Vivarium
SNCF
Centralbahnstr.
Bahnhof SBB
BIZ
PTT
Nauenstr.
Rosenfeld-park
St.-Jakobs-Strasse
Lange Gasse
Aeschengraben
Dufourstrasse
Malzgasse

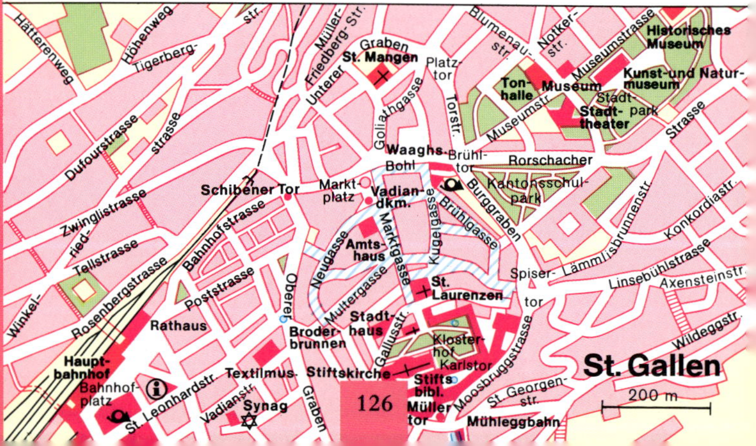
St. Gallen
200 m
Historisches Museum
Kunst-und Natur-museum
St. Mangen
Platz-tor
Ton-halle
Museum
Stadt-park
Stadt-theater
Waaghs.
Bohl
Brühl-tor
Rorschacher
Kantonsschul-park
Schibener Tor
Markt-platz
Vadian-dkm.
Amts-haus
St. Laurenzen
Spiser-tor
Stadt-haus
Rathaus
Broder-brunnen
Kloster-hof
Karlstor
Haupt-bahnhof
Bahnhof-platz
Textilmus.
Stiftskirche
Stifts-bibl.
Müller-tor
Synag.
Mühleggbahn
Dufourstrasse
Zwinglistrasse
Tellstrasse
Rosenbergstrasse
Bahnhofstrasse
Poststrasse
Linsebühlstrasse
Konkordiastr.
Moosbruggstrasse

1 Palais de Justice
2 Collège de St-Antoine
3 Musée des Instruments Anciens de Musique
4 Musée d'Art et d'Histoire
5 Ecole des Beaux-Arts
6 Athénée
7 Monument de la Réformation
8 Temple de l'Auditoire
9 Conservatoire de Musique
10 Musée Rath
11 Ancien Arsenal
12 Temple de la Madeleine
13 Monument National („Helvetia" & „Geneva")
14 Monument de Jean-Jacques Rousseau
15 Tour de l'Ile
16 Hôtel de Ville

1 Kantonales Kunstmuseum

2 Palazzo Riva

3 Palazzo Albertolli

Kursaal
Kursaalrain
Schänzlihalde
Schänzli-Str.
Humboldt-Str.
Generaldir. PTT
Viktoria-Spital
Altersheim
Klinik
Beau-Site
Ober-Weg
Sonnenberg-Str.
Rabbental-
Salem-Spital
Diakonissenhaus
Oranienburg-Str.
Rosengarten
Altenbergrain
Nischen-W.
Kornhaus-Str.
Sonnenbergrain
Altenberg
Krankenpflege-Schule
Diakonissen-haus
Altersheim
Lerber-Str.
Aargauerstalden
Kornhausbrücke
Altenberg-Str.
Altenberg-Str.
Sportplatz
Turnhalle
Altenbergsteg
Klösterlistutz
Langmauer-Weg
hütte-Str.
Theater
Gew. Mus.
Kornhaus
Brunngasshalde
Rathaus
Postgasshalde
Nydegg-stalden
Untertor-brücke
Nydegg-K.
Nydeggbrücke
Brunng.
VCS
Rathausgasse
Konser-vatorium
Postgasse
Zeitglocken
Gerechtigk.-g.
Bären-graben
Kramgasse
Junkerngasse
TAXI
Casino
Pl.
Münsterg.
Stadtbibliothek
Herreng.
Erlacher-hof
Bubenbergrain
Matte
Gerberng.
ACS
Casino
Münster
Mühlen-Pl.
Wasserwerkg.
Stift
Badgasse
Primar-schule
Schifflaube
El.-Werk
Kirchenfeldbr.
Aar-Str.
ACS
Gr. Muristalden
gendherberge
Altstadt
Liebegg-Weg
Turn-halle
Koller-Weg
Muri-Str.
Quai
Schwellenm.-Str.
Schwellenmätteli
GRYPHENHÜBELI
Feldegg W.
Alpines Museum
Kunsthalle
Englische Anlagen
Gryphen-hübeli-W.
Grüneck-W.
Evang. Sem. Muristalden
Dalmazi-
TAXI
Helvetia-Pl.
Stat.
Marien-Str.
Helvetiapl.
RBS
Calvin-Hs.
Gem.-hs
Hist. Museum
© Hallwag AG, Bern · Reproduziert mit Bewilligung des Vermessungsamtes der Stadt Bern vom 30. 05. 1994
Bern
200 m

Gletschergarten
Löwen-denkmal
Felsbergstr.
Abendweg
Friedbergstr.
Fluhmattstrasse
Zürichstrasse
Denkmalstr.
Panorama
Dreilindenstrasse
Brambergstr.
Bergstrasse
Löwen-platz
Löwenstrasse
Weystr.
Priester-seminar
Brambergstrasse
Alpenstr.
Hof-kirche
Diebold-Schilling-Strasse
Museggstrasse
Kursaal
Haldenstr.
Museggmauer
Christus-kirche
Hertensteinstrasse
Matthäus-kirche
Kur-platz
Nationalquai
Mariahilf-kirche
Schweizerhofquai
Museggstrasse
Schwanen-platz
St.-Karli-Quai
Löwengraben
St. Peter
Vierwaldstätter See
Reuss
Spreuerbrücke
Wein-markt
Kapellbrücke
Seebrücke
Landungsbrücken
Altes Rathaus
Wasser-turm
Natur-museum
Histor. museum
Reussbrücke
Bahnhofstrasse
Bahnhofplatz
Regierung
Theater
Bahnhof
Kultur- und Kongresszentrum, Kunstmuseum
Franziskaner-kirche
Jesuiten-kirche
Hirschengraben
Hirschmattstrasse
Pilatusstrasse
Zentralstr.
Inseli-quai
Bruchstrasse
Zentral-bibl.
Luzern
Stadthaus
Synagoge
Pilatuspl.
Pilatusstr.
200 m

LEGENDE REISEATLAS

le Mans-Est 4	Autobahn mit Anschlussstelle Motorway with junction
Datum, Date	Autobahn in Bau Motorway under construction
Datum, Date	Autobahn in Planung Motorway projected
R	Raststätte mit Übernachtungsmöglichkeit Roadside restaurant and hotel
R	Raststätte ohne Übernachtungsmöglichkeit Roadside restaurant
E	Erfrischungsstelle, Kiosk Snackbar, kiosk
T	Tankstelle Filling-station
	Autobahnähnliche Schnellstraße mit Anschlussstelle Dual carriage-way with motorway characteristics with junction
	Straße mit zwei getrennten Fahrbahnen Dual carriage-way
	Durchgangsstraße Thoroughfare
	Wichtige Hauptstraße Important main road
	Hauptstraße Main road
	Sonstige Straße Other road
	Fernverkehrsbahn Main line railway
	Bergbahn Mountain railway
	Autotransport per Bahn Transport of cars by railway
	Autofähre Car ferry
	Schifffahrtslinie Shipping route
	Landschaftlich besonders schöne Strecke Route with beautiful scenery
Routes des Crêtes	Touristenstraße Tourist route
	Straße gegen Gebühr befahrbar Toll road
	Straße für Kraftfahrzeuge gesperrt Road closed to motor traffic
	Zeitlich geregelter Verkehr Temporal regulated traffic
15%	Bedeutende Steigungen Important gradients

	Kultur **Culture**
★★ **PARIS** ★★ *la Alhambra*	Eine Reise wert Worth a journey
★ **TRENTO** ★ *Comburg*	Lohnt einen Umweg Worth a detour
	Landschaft **Landscape**
★★ **Rodos** ★★ *Fingal's cave*	Eine Reise wert Worth a journey
★ **Korab** ★ *Jaskinia raj*	Lohnt einen Umweg Worth a detour
	Besonders schöner Ausblick Important panoramic view
	Nationalpark, Naturpark National park, nature park
	Sperrgebiet Prohibited area
4807	Bergspitze mit Höhenangabe in Metern Mountain summit with height in metres
(630)	Ortshöhe Elevation
	Kirche Church
	Kirchenruine Church ruin
	Kloster Monastery
	Klosterruine Monastery ruin
	Schloss, Burg Palace, castle
	Schloss-, Burgruine Palace ruin, castle ruin
	Denkmal Monument
	Wasserfall Waterfall
	Höhle Cave
	Ruinenstätte Ruins
	Sonstiges Objekt Other object
	Jugendherberge Youth hostel
	Badestrand · Surfen Bathing beach · Surfing
	Tauchen · Fischen Diving · Fishing
	Verkehrsflughafen Airport
	Regionalflughafen · Flugplatz Regional airport · Airfield

In diesem Register finden Sie alle Orte, Kantone, Berge und Ausflugsziele. Halbfette Zahlen verweisen auf den Haupteintrag, kursive auf ein Foto.

Was bekomme ich für mein Geld?

Keiner kann behaupten, die Schweiz sei kein teures Pflaster. Der Schweizer Franken (Abkürzung: CHF) ist hart wie Stahl. Und runde Summen, die in Mark noch halbwegs erschwinglich klingen, werden umgerechnet ganz schön teuer. So kostet ein Hotelfrühstück vom Büffett nicht selten 15 Franken, umgerechnet fast 18 Mark; oder: Der Schoppen Wein für 7 Franken macht also schon über 8 Mark aus.

Für einen Museumsbesuch ist meist mit über 10 Franken zu rechnen, weshalb sich der Erwerb des Schweizer Museumspasses für Kultur-Interessierte meist lohnt (umgerechnet 36 Mark für einen Monat bzw. 110 Mark fürs ganze Jahr). Ein Besuch im Zoo kostet rund 15 Franken. Generell etwas billiger sind das Tessin und die Westschweiz (Genf natürlich ausgenommen!). Dort bekommt man zum Beispiel die Tasse Kaffee noch für unter 4 Franken, was im übrigen Teil des Landes ein normaler Preis ist. Die Schweizer gehen oft und gern ins Kino, obwohl in den größeren Städten mit rund 18 Franken pro Person zu rechnen ist. Auch sonst ist Ausgehen – und das Essengehen sowieso – nicht gerade billig (abgesehen vielleicht von einigen alternativen Schuppen); das heißt zum Beispiel, dass Drinks erst ab 15 Franken zu haben sind.

DM	CHF	CHF	DM
1	0,79	1	1,26
2	1,59	2	2,52
3	2,38	3	3,78
4	3,17	4	5,04
5	3,97	5	6,30
10	7,93	10	12,60
20	15,87	25	31,51
30	23,80	50	63,02
40	31,74	60	75,62
50	39,67	70	88,23
60	47,60	75	94,53
70	55,54	80	100,83
80	63,47	90	113,44
90	71,41	100	126,04
100	79,34	125	157,55
200	158,68	200	252,08
300	238,02	300	378,12
500	396,70	500	630,20
750	595,05	750	945,30
1.000	793,40	1.000	1.260,40

Bei Zahlungen per Scheck oder Kreditkarte am Urlaubsort werden die oben stehenden Kurse zu Grunde gelegt. Stand: August 2000